JN095240

経営学史学会編　〔第三十一輯〕

現代資本主義のゆくえと経営

文眞堂

巻頭の言

経営学史学会第 10 期理事長　藤　井　一　弘

　本年報第 31 輯は，経営学史学会第 31 回全国大会における研究報告をもとに執筆された論文を中心に構成されている。同大会は，統一論題「現代資本主義のゆくえと経営」のもと，龍谷大学（大会実行委員長：岩田浩会員）を主催校としてオンライン形式で行われた。統一論題は，さまざまに変容してきた，かつ変容しつつある「資本主義」——その変容の捉え方はさまざまでしょうが——，と「経営」——営利企業のそれに限らない——との関わりを考察するとともに，その考察を巡らす経営学は，どのようであるか——ないしは，あるべきか——についても探究する試みであったと言うべきでしょう。大会では，基調報告と，4 件の統一論題報告，5 件の自由論題報告に加えて，「国際学会で研究発表する」をテーマとするワークショップがなされました。

　本年報には，基調報告論文，ならびに統一論題報告をベースに大会当日の質疑応答を反映して推敲された 4 点の論文と，自由論題報告者より投稿された論文に対して，査読プロセスを経て採択された 2 点の論文，そしてワークショップの記録ほかが収録されている。

　所得格差の拡大をともなう現代の資本主義に対して，明らかに批判的なスタンスに立っているブランコ・ミラノヴィッチによってさえ，「支配的であるどころか，この世界で唯一の社会経済的システムになった」と評される「資本主義」に向けて，本年報の諸論考が，どれほどの新たな光を投げかけているか，さらに，その光たる「経営学」を描き出しているかについては，読者諸兄姉の評価を待つしかありません。しかしながら，科学技術の発展にともなう負の側面は科学技術の発展によってのみ解決されるという，あまりにも楽観的な構図は，資本主義の発展にともなう歪みの解消のためにこそ，より一層の経済成長が必要であるという議論と相似形のように思えます。

　本年報が，さらなる省察に向けての糧となることを願うものです。

目　次

巻頭の言 ……………………………………………藤　井　一　弘… i

第Ⅰ部　趣旨説明 ……………………………………………… 1
　現代資本主義のゆくえと経営 …………… 第10期運営委員会… 3

第Ⅱ部　現代資本主義のゆくえと経営 ……………………… 7

　1　現代資本主義における経営課題…………梶　脇　裕　二… 9
　　──「エージェンシー問題」から「協力問題」へ──

　　Ⅰ．はじめに ……………………………………………… 9
　　Ⅱ．Veblen のみた独占資本主義の矛盾 ………………10
　　Ⅲ．Berle and Means の説く経営者資本主義の到来 ………10
　　Ⅳ．エージェンシー理論のインパクト …………………11
　　Ⅴ．「市場の論理」の復権と動揺…………………………12
　　Ⅵ．現代資本主義をめぐる議論 …………………………13
　　Ⅶ．資金運用者資本主義2.0における経営課題：むすびにかえて
　　　………………………………………………………15

　2　これからの資本主義と経営目的…………高　橋　公　夫…20
　　──個別資本の3循環と目標管理経営──

　　Ⅰ．はじめに──経営学の3問題説── ………………20
　　Ⅱ．産業資本運動の3循環と経営目的 …………………21
　　Ⅲ．経営目的論の展開 ……………………………………26

　　Ⅳ．物神崇拝と人間の幸福 ……………………………………30

　　Ⅴ．むすび――アソシエーショナルな経営―― ………………33

3　科学的管理は「資本主義的生産様式の
　　あからさまな表現」か？ ………………中　川　誠　士…39

　　Ⅰ．はじめに ……………………………………………………39

　　Ⅱ．科学的管理を資本主義的企業の要求に応えるものとして
　　　　捉える研究 …………………………………………………40

　　Ⅲ．「資本からの管理の分離」の原理と技師のイデオロギー………41

　　Ⅳ．技師のプロフェッショナリズム実現の戦略としての科学的
　　　　管理 …………………………………………………………43

　　Ⅴ．結びにかえて ………………………………………………50

4　「経営（者育成）教育」学派を確立する意義
　　　　………………………………………辻　村　宏　和…54

　　　　――"8番目の課題性"「育成（指導）性」の可否――

　　Ⅰ．〈統一論題とのリンケージ〉 ………………………………54

　　Ⅱ．背理法と仮説演繹法のブレンドによる中心的仮説の有意性 …57

　　Ⅲ．MA 概念規定 ………………………………………………61

　　Ⅳ．結：経営（者育成）教育学への誘い ………………………63

5　フランスの社会的連帯経済と欧州の動向
　　　　………………………………………山　口　隆　之…68

　　Ⅰ．はじめに ……………………………………………………68

　　Ⅱ．社会的連帯経済とは …………………………………………68

　　Ⅲ．歴史 …………………………………………………………70

　　Ⅳ．社会的連帯経済法 …………………………………………72

　　Ⅴ．欧州の動向 …………………………………………………76

　　Ⅵ．おわりに ……………………………………………………80

第Ⅲ部　ワークショップ ……………………………………………85

6　国際学会で研究発表する ………………磯　村　和　人…87
　　　　　　　　　　　　　　　　　　　　　間　嶋　　　崇
　　　　　　　　　　　　　　　　　　　　　高　尾　義　明

　　Ⅰ．ワークショップの趣旨 ……………………………………87
　　Ⅱ．迷子のための国際学会発表 ………………………………89
　　Ⅲ．日本開催の国際学会から発表を始めた経験 ……………92
　　Ⅳ．EGOS Colloquium で共同研究を促進する ………………96
　　Ⅴ．今後に向けて ………………………………………………99

第Ⅳ部　論　　攷 …………………………………………………101

7　差異への対処 ……………………………林　　　徹… 103
　　　　──フォレットとバーナードの比較──

　　Ⅰ．問題の所在 …………………………………………………103
　　Ⅱ．誘因の2分類に対する批判的検討 ……………………104
　　Ⅲ．誘因先行説に対する批判的検討 ………………………105
　　Ⅳ．「統合」の対象と管理職における「道徳的創造性の職能」… 109
　　Ⅴ．結語 …………………………………………………………111

8　人的資源概念の批判的検討 ……………米　田　　　晃… 115
　　　　──リフレキシブ経営学の提唱に向けて──

　　Ⅰ．はじめに ……………………………………………………115
　　Ⅱ．経営学における人的資源概念の学説的展開
　　　　──テイラーの科学的管理から HRM 論の成立まで── … 117
　　Ⅲ．現代における人間の捉え方を再考する
　　　　──アカウンタビリティの問題と，その超克のための視座
　　　　としてのリフレキシビティ──…………………… 121

Ⅳ．リフレキシブ経営学の樹立を目指して

　　──むすびに代えて── ……………………………… 123

第Ⅴ部　文　　　献 ……………………………………… 127

　1　現代資本主義における経営課題 ……………………… 129

　　　──「エージェンシー問題」から「協力問題」へ──

　2　これからの資本主義と経営目的 ……………………… 129

　　　──個別資本の3循環と目標管理経営──

　3　科学的管理は「資本主義的生産様式のあからさまな表現」

　　　か？ ……………………………………………………… 131

　4　「経営（者育成）教育」学派を確立する意義………………… 132

　　　──"8番目の課題性"「育成（指導）性」の可否──

　5　フランスの社会的連帯経済と欧州の動向 ………………… 133

第Ⅵ部　資　　　料 ……………………………………… 135

　経営学史学会第31回全国大会実行委員長の挨拶

　　……………………………………岩　田　　　浩… 137

　第31回全国大会を振り返って………………山　下　　　剛… 139

第Ⅰ部
趣旨説明

現代資本主義のゆくえと経営

第 10 期運営委員会

　経営学史学会では，経営学の未来への展望を探るべく，近年「経営学の未来——経営学史研究の現代的意義を問う——」（2018 年），「経営学の『概念』を問う——現代的課題への学史からの挑戦——」（2019 年），「経営学における『技術』概念の変遷——AI 時代に向けて——」（2020 年）が統一論題に設定されてきた。これらのテーマのもとでは，経営学の学問性をあらためて問い直し，とりわけ経営学が対象とし問題としてきた「企業」，「労働」，「技術」概念の変遷を丹念に辿りながら，経験世界との相互性から築きあげられてきた経営学の体系性を確かめてきた。それを踏まえ，（AI 時代への）「文明の転換期」にある現代経営学の今後の発展可能性を模索した。

　そこであらためて明らかになったのは，その生成から 100 年余り，隣接諸科学の手法や成果を摂取しながら多岐にわたる経営課題に取り組んできた経営学のしなやかさが，世界中で学問的制度化を一気に推し進め，社会科学における存在感を確固たるものにした事実であった。その一方で，制度化が進行するにつれ，経営学が対象とする問題への接近は専門分化を極め，一口に経営学の発展可能性を模索するといっても，その広範性と深遠性を前に，容易に見通せなくなっていることも否定できなかった。

　しかも，新型コロナウイルス感染症の世界的大流行は「新常態」という語に象徴されるように，「経済社会の大変化」を人々に印象づけ，経営の現場でもこれまで当たり前とされてきた価値・手法を大いに揺るがせている。「『時代の問題』と経営学史——COVID-19 が示唆するもの——」（2021 年）「多面体としての経営学」（2022 年）を統一論題として掲げた大会は，こうした事態が経営学の近代性を脱却させるかどうか，プリズムからの分光のごとく多面的に検討することを狙いとしていた。

　そして，いま現在にいたって新型コロナウイルス感染症拡大に端を発した

世界の混迷は，経済格差の進行，気候変動の深刻化，地政学的リスクの増大によって一層深まり，国際秩序ならびに経済社会システムを再構築する機運が高まっている。そのなかでは，SDGs や GX を基盤としながら，カーボンニュートラル実現のための諸施策を新たな成長機会と捉え経済社会システムを変革しようとする動きがみられる。それに対して，社会を取り巻くさまざまな問題の根底には経済成長への衝動があり，それを駆動力とする資本主義の更新は何ら本質的解決にならないとし，コモン型社会システムへの移行を叫ぶ論者もいる。

　これらの声は，資本主義の存続をめぐって異なる方を向いているが，いずれにしてもこれまでの体制がもたらしてきた弊害を是正し，それを乗り越えるための手立てを具体的に求めるものであろう。日本においても新しい資本主義の実現に向けたビジョンが示されるなかで，経済的収益と社会的課題解決の両立を目指す企業形態の導入や民主主義的な組織運営を特徴とする分散型自律組織の普及などが期待されている。また人的資本投資やウェルビーイング経営への注目は，従来の考えではコストとみなされる労働観を抜け出し，価値の源泉としてのヒトの重要性を再認識させている。

　経営学は，こうした現代資本主義の変容とどのように向き合っていくのか。経営学の歴史的パースペクティブから導き出される示唆はあるのか。かつて，バーリ／ミーンズは，アメリカの非金融巨大会社において株式の分散により「所有と経営の分離」が進み，経営者が会社を支配している実態を明らかにすることで，資本家が会社の支配者であるとする伝統的な資本主義観をくつがえした。これに影響を受けたバーナムは，資本主義社会でも社会主義社会でもない，第3の経営者社会の到来を予言し，従来の資本主義の前提となる利潤極大化にとらわれない社会改革論を唱えた。それに対して，ジェンセン／メックリングは，こうした資本家（株主）と経営者の間の利害の不一致をエージェンシー理論に体系化し，経営者の機会主義的行動を資本市場の規律によって抑止する理論的基礎を与えた。実際それは当時数多く発生していた M&A の概念的バックボーンとなり，資本家復権を呼び起こして金融資本主義の隆盛に道をひらいた。一方でジェンセンは，今や支配的な主張となりつつあるステークホルダー理論の開拓にも貢献している。

　こうして過去の主張を一瞥しただけでも，碩学たちがこれまでの経済社会システムをどう理解し，その変化をいかに読みとってきたのか（あるいは変化に対応しようとしてきたのか），現代の視点から学ぶべきことは多いといえよう。急激な変化を前に未来への展望がみえにくい現代だからこそ，われわれは過去の歴史の教えに真摯に耳を傾ける必要がある。したがって第31回全国大会は，経営学が培ってきた知見を掘り起こしながら，現代資本主義のゆくえと経営のあり方を考えてみる大会としたい。

第 II 部
現代資本主義のゆくえと経営

1　現代資本主義における経営課題
——「エージェンシー問題」から「協力問題」へ——

梶　脇　裕　二

Ⅰ．はじめに

　本稿ではまず近代からの資本主義の変質をたどりながら，各期の代表的論者の資本主義に対する見方をレビューする。その上で現代資本主義における経営課題が一体何であるのか，改めて検討することを目的にしている。

　さて資本主義の変遷を近代からごく簡単にたどると，19世紀前半は，工業を中心に個人型の企業が「市場の論理」を通じた自由競争のなかで事業の拡大と収益の最大化に努める，「自由競争資本主義（産業資本主義）」の時代であった（e.g. Kocka 2014, p. 79, pp. 82-88, 翻訳書, 109, 112-122頁；Whalen 2001, p. 810）。ところが，19世紀後半にはカルテル，トラスト等が銀行の仲介を通して結成され，その結果として，いわゆる「独占資本」が誕生した（小林 1983, 144-147頁）。Minsky は，投資銀行がこうした企業合同の推進役として経済における支配的な地位についた体制を「銀行家資本主義」と呼び（Whalen 2001, p. 812），同じように Hilferding も，重化学工業や商業が銀行と一体となって金融資本に組織化されていく状況を，自由競争資本主義から「組織された資本主義」への移行が生じていると述べている（Hilferding 1968 [1924], S. 2）。

　こうした段階が進展すると，企業では計画と実行の分離が進み，計画を担う階層が徐々に専門職業人として企業の経営を担うことになった（小林 1983, 149-151頁）。つまり，「組織された資本主義」（銀行家資本主義，独占資本主義）のなかに「経営者資本主義」が胎動しだすことになる。では，こうした態様を当時の人たちはどのようにみていたのだろうか。

Ⅱ．Veblen のみた独占資本主義の矛盾

　Veblen は，近代資本主義を「産業」と「企業」の 2 つの制度的側面から捉えていた（佐々野 1982, 137 頁以下）。Veblen の考えによれば，産業過程では機械的効率性が人々の規律や思考習慣を決定づけていた一方で，企業における思考習慣は機械制大工業が確立されて以降，金銭価値の増殖（営利原則）を伴うものとなっていた（Veblen 1958［1904］, p. 10, pp. 17-18, p. 37, pp. 45-46, pp. 146-147，翻訳書，10, 22, 55, 70-71, 244-245 頁）。こうした理解から，Veblen は近代資本主義が「産業」と「企業」の制度的思考習慣を内在させるシステムであり，とりわけ 19 世紀以降では「企業」が「産業」を利用し発展してきたものと認識している。ただ，上でもみたように，そうした 2 つの制度的思考習慣の間には明白な違いがあって，いまやそれがますます懸隔しあっているものと捉えていた（Veblen 1958［1904］, pp. 149-151，翻訳書，249-252 頁）。そうした懸隔や矛盾がアメリカにおける独占資本の出現で顕著になるとみていたのである（Veblen 1965［1921］, pp. 37-49，翻訳書，41-52 頁）。

　ではその結果どうなるか。Veblen においては産業過程の思考習慣がいずれ企業の思考習慣を衰退させるだろうと予期された（Veblen 1958［1904］, p. 177，翻訳書，296-297 頁）。そうして営利企業が必然的に衰退するかわりに，産業の思考習慣を体現する技術者がソヴィエトを形成し，それが一国の経済問題を引き受け，産業の効率化によって人々の物質的厚生を向上させることができると考えられたのである（Veblen 1965［1921］, pp. 165-166，翻訳書，159-160 頁）。

Ⅲ．Berle and Means の説く経営者資本主義の到来

　1904 年の Veblen の著作から約 30 年後，Berle and Means は Veblen のいう企業の思考習慣の衰退，つまり私的財産の所有権が実質的に後退し，営利原則に必ずしも習慣づけられていない経営者が支配権をもつという傾向を独

自の実態調査によって明らかにした。ちなみに私的財産の所有権の後退とは，Berle and Means でいうところの財産の変化と理解されるもので，それはつまり消極的財産（株式，証券）と積極的財産（会社の物的資産等）が分かれ，後者の積極的財産の支配者が権力を握るようになることである（Berle and Means 1982 [1932], p. 285, pp. 346-347, 翻訳書, 264, 325-326 頁）。

それによって会社の支配権が経営者に移ることになるが，そこで会社の性格がどう変わるのかというと，Veblen の「技術者のソヴィエト」のように，Berle and Means においても，新たな支配者集団が社会全体に奉仕することを目的に中立的なテクノクラートとして公共政策に基づきながら，会社収入を利害関係者に配分していくものとされた。そして，そうした株式会社が典型であるところの経済有機体が国家に代わる社会組織の支配形態となり，そこでの法や実践が新たな社会の基礎条件になるとされたのである（Berle and Means 1982 [1932], pp. 354-357, 翻訳書, 332-336 頁）。

Ⅳ．エージェンシー理論のインパクト

Berle and Means の著作が出版された翌年（1933 年）から 1982 年までをMinsky は「経営者資本主義」の時代と称しているが，この頃のアメリカ企業はもっぱら社会全体の利益を考えながら，内部金融によって資金を調達し事業を強化していた。それによる成長が続く限り，企業経営者たちは株主たちからの圧力を受けず自律的に活動できたとされる。ただそうした事情が，徐々に経営者たちの規律を緩め，適切さを欠いたコングロマリットによる巨大化を推し進める要因にもなった（Whalen 2001, p. 813）。

転機は 1970 年頃である。この頃になると，国際政治の影響や経済環境の変化により，高インフレと企業の生産性・収益性の低下がみえ始めた[1]。それを原因としたアメリカの競争力低下は，経営者資本主義の基調にあった企業の公共的性格と社会性を見直す契機となった。それを後押ししたのがJensen and Meckling (1976) である。Jensen and Meckling は，株主（所有者）と経営者がエージェンシー関係にあるため，Berle and Means が唱えた「所有と経営の分離」問題も，結局このエージェンシー問題に還元できる

ものと考えていた（Jensen and Meckling 1976, p. 309）。

　そのため企業の本質的な問題は，いかにエージェンシーコストを低減させて，その関係を効率的なものにするかという点に尽きる。その解決策を，Jensen は端的にいってしまえば，資本市場に委ねた。つまり，会社資本の大部分を所有し，取締役会でも積極的に発言して権限を行使するアクティブ・インベスターが経営者を効果的にモニタリングすることで，エージェンシーコストを極小化できると考えたのである（Jensen 1989, pp. 64-66, 翻訳書，51-53 頁）。その際に競争力を生む組織体制を築くことを Jensen はとりわけ強調したが，そのための新たな組織モデルとして提案されたのが LBO アソシエーションであった（Jensen 1989, p. 67ff., 翻訳書，54 頁以下）。こうした LBO による規律づけが経営者のモチベーションを高め，企業価値を大いに向上させる手段として推奨されたのである。

Ⅴ.「市場の論理」の復権と動揺

　Jensen たちの主張は LBO の隆盛に理論的な根拠を与え，実際 1980 年代のアメリカにおける LBO の取引金額は大幅に増えた[2]。こうした 1980 年代における LBO の隆盛はもともと 1960 年代以降，経営者の規律が緩んで進行していた企業のコングロマリット化の非生産性が明らかになってきた時期に，経済の成熟化とともに投資機会が相対的に不足する状況のなかで起こった。そこに金融機関の事情も加わって企業再編が促されたことに LBO 加速の原因があった（中本 1990, 65-73 頁）。それに伴い 1980 年代から金融資産の規模は一気に増えていき，それを預かる金融機関や機関投資家（資金運用者）は，「市場の論理」にしたがい資産の運用効率を高める必要から，短期間のうちに利益を上げるよう経営者に迫るようになった。Minsky らはアメリカの景気が拡大しだす 1982 年を，銀行信託や保険会社，また年金基金等機関投資家が株価と利益（配当）向上のために企業経営に大きく介入し出す「資金運用者資本主義」の始まりの年だとしている（Minsky and Whalen 1996, pp. 158-159；Whalen 2001, p. 814）。

　ただ，Minsky は，こうした「資金運用者資本主義」がグローバルに伸張

していくことで，世界をかけめぐるカネの不安定性や負債デフレーションに起因する問題が顕在化してくるであろうと早くから警鐘も鳴らしていた（Minsky 1995, p. 93）。実際，Minsky らが予言したように，1990 年以降の世界経済の動向を振り返ると，主要各国は度重なる金融危機を経験してきており[3]，そこで生じた株価の乱高下，所得環境や雇用情勢の悪化，信用収縮等による混乱の影響は長期にわたって残り続けた。ましてや，世界的な感染症の拡大や国際情勢の変化はこうした不確実性に一層の拍車をかけ，目下民主主義的な政治体制および経済運営はポピュリズムや権威主義からの圧力に苦しんでいるように思える。こうしたことを背景に近年では「資金運用者資本主義」の行き過ぎを是正し，あらたな資本主義の構築と株主第一の企業観からの脱却を求める声が一段と高まっている。

VI. 現代資本主義をめぐる議論

周知のように，2018，2022 年ブラックロックのラリー・フィンクの書簡，2019 年アメリカ経営者団体「ビジネス・ラウンドテーブル」の声明，2019 年，2020 年世界経済フォーラムの「ダボスマニフェスト 2020」「ステークホルダー資本主義指標」等は株主資本主義からステークホルダー資本主義への転換を象徴する出来事として大きな話題となった。とはいえ，2021 年段階で世界の運用資産規模トップ 500 社の資産残高は過去最高を記録し，そのうちトップ 20 社が全体の 45.2％を占めている[4]。こうした集中化の傾向にある機関投資家の行動が会社経営にはもちろんのこと，ESG 投資等を通じて社会の方向性にもますます影響力を強めていることは周知の通りである。

現代資本主義をめぐる議論において「資金運用者資本主義」の中心アクターたるこの機関投資家のあり方は，やはり依然大きな論点であろう。そうした議論のなかには，資金運用者資本主義であれ，何であれ資本主義そのものが人工的な「絶対的・相対的希少性」を生み出すシステムであるがゆえ，生産手段の管理を市民が取り戻し，〈コモン〉の再生を目指す脱成長コミュニズムを唱える者もいる（斎藤 2020）。またより急進的な考えでは，産業（とりわけ金融機関）の公的所有，労働時間の短縮，ベーシックインカ

ムの導入，基本的必需品の低価格・無料化等を訴える主張も展開されている（Mason 2015，翻訳書 2017；岡本 2021, 154-162 頁）。

　一方で上述のような資本主義の変質を踏まえて，目下の機関投資家の役割と課題を理解しつつ，より現実的に資本主義の枠組みのなかで，社会的価値を包摂しながらダイナミックな社会を創出していこうとする議論もある。たとえば，Posner and Weyl は，寡占状態にある複数の企業経営に関与する機関投資家の株式保有を制限し，むしろ 1 つの企業のみに集中させて経営に対するコミットメントの質を上げることを提唱している（Posner and Weyl 2018, pp. 191-194, 翻訳書，275-280 頁）。

　このような所有者側（株主）のコミットメントを確保しようとする意見には，Hart and Zingales も賛同している。Hart and Zingales は，経済的活動と社会的（倫理的）活動は明確に分けられないとの認識から，個人が向社会的（prosocial）であることを前提に，しかもそのことをより現実的に捉え，各個人は正しいことを行おうとする，あるいは社会的に効率的なことを行おうとはするものの，それが実際になされるのは当該行動に責任を感じている時のみだと仮定した。こうした仮定のもとで，株主も向社会的であるとすれば，機関投資家を含めた株主には企業経営に投資だけではなく，関与（engage）もさせるべきであって，具体的には幅広い会社政策に株主が定期的に投票する制度を設けるべきだと提案している（Hart and Zingales 2017, pp. 249-250, p. 264, p. 270）。

　さらにこうしたコミットメントを十全に機能させる仕組みの 1 つとして，Mayer はアンカー株主（典型的には創業家一族，またはエンゲージメントに取り組む機関投資家）の役割に注目している。このアンカー株主がいることによって所有構造が安定し，会社の目的にさまざまな主体が長期的にコミットメントできるとされている。Mayer は，まさにこのコミットメントこそが信頼の基盤であって，全ての取引がそれに依拠するものであるがゆえ，会社の目的に対してもそうした信頼がえられるよう，長期的に会社に影響力を与える受託者評議会のような組織に支配権を移転させる可能性にも言及している（Mayer 2018, p. 39, p. 106, p. 150, pp. 161-162, 翻訳書，70, 196, 280-281, 301-302 頁）。

Ⅶ．資金運用者資本主義 2.0 における経営課題：むすびにかえて

さて，以上で紹介した主張はステークホルダーに配慮した「株主資本主義 2.0」とも「資金運用者資本主義 2.0」とも解されるであろう。しかしそれに対しては，最近「ウォーク・キャピタリズム」と一部からは冷めた眼差しが向けられることもある（e.g. Bebchuk and Tallarita 2020, p. 126, p. 176）。

ではこうした資金運用者資本主義 2.0 あるいはステークホルダー資本主義とも呼ばれるような転換期にある現在，企業の経営課題が一体何であり，経営学はそれにどう応えていくべきなのか。本稿の視点から改めて考えてみると，われわれが上でみてきたような資本主義の変質は経済的インセンティブ（営利原則）の昂進，企業内部の組織化，所有と経営の分離，組織の肥大化・非効率および市場の不安定性・外部不経済といったことに促されてきた。これらを各期の代表的論者たちは的確に捉えていたといえる。たとえば，Veblen は経済的インセンティブの昂進に宿る矛盾を剔出し，さらに Berle and Means は所有と経営の分離を実態調査から導き出して，両者とも技術者やテクノクラートが中心の新たな社会像を模索した。一方で Jensen らは企業内部の組織化や所有と経営の分離から生じる組織の肥大化・非効率に切り込み，その解決には所有者と経営者の利益を一致させることだと，「市場の論理」への回帰を求めた。ただ個人の利益最大化行動に潜む難点が市場の不安定性や外部不経済に盲目的であったため，後年になって Jensen 自身エージェンシー理論の限界を語って市場への懐疑を隠そうとしなかった（Jensen 2005）。

こうした点を踏まえると，われわれはエージェンシー関係で想定されるような株主＝経営者だけでなく，従業員，顧客，取引業者，行政機関，地域社会等を含めたマルチな利害関係の経済的，社会的，倫理的利益を，株式会社組織という装置のなかでどのように一致させ，最終的にステークホルダー利益（＝集合的利益）を達成するのか，という新たな課題に取り組む必要がある（e.g. Bridoux and Stoelhorst 2022）。もちろん各利害関係者たちの利益に濃淡があることや集合的利益が何であるのかという，そもそもの前提さえ

自明ではないが，少なくともわれわれの生存を脅かす地球環境の危機や人間の安全保障という公共の利益に会社組織がフリーライドすることは許されない，というのが現下の一般的社会通念であろう。いまや市場の不安定性と負の外部性は看過できないほど世界中の人々の生活に影響を及ぼすようになった。そうした点からいえば，会社組織の集合的利益を環境保護や安全保障といった公共の利益と結びつけることを条件に，いかにしてその集合的利益をもたらす利害関係者の「協力」を生み出すことができるのか，そのことがわれわれに課せられている具体的な経営課題の1つだといえる。

　盛山は多様なアプローチを駆使しながら，この協力メカニズムの解明を試みているが，とりわけそこでは集合行為への参加が価値コミットメントに一部起因していることに注目している。価値コミットメントとは，端的にいえば，ある目的や行為の成果（利益やコスト）にかかわらず，その目的や行為に宿る自身の絶対的な（宗教的・倫理的・美的）基準にしたがうことである（盛山 2021, 92-95 頁）。盛山はこうした価値を①集合的利益・共同利益，②平等性・衡平性，③他者への配慮（利他性），④協力そのものの価値の4つの下位カテゴリーに整理しているが（盛山 2021, 350-351 頁），上で環境保護と安全保障を集合的利益と結びつけたように，要は①から③はとりわけ人間社会の規範性を帯びた概念であり，④は社会的存在としての人間の内的本性を反映しているものであろう。

　この点からみて本稿で取り上げた論者たちの言をいま一度振り返ると，Veblen は種の生存のために有用性や有効的作業を尊び，無駄と浪費を排除する感覚・性向としての「製作本能」を全ての人間が有しているが，産業に宿るこの本能が金銭的文化に染まる企業に汚染されることで公共の利益との乖離を生んだとしている（Veblen 1898, pp. 189-190；Veblen 1964 [1914], p. 350, 翻訳書，283 頁）。しかし，製作本能という人間の内的本性の優位性を信じていたからこそ，Veblen は技術者支配の到来を約束したといえる。

　また Jensen は 2000 年前後市場の効率性に懐疑的になって以降，とりわけインテグリティという人間の内面性を重視するようになるが，それが信頼にいたる道筋にもなると述べ，この人間の普遍的な性質を道徳や倫理とは別の特別なものと考えていた（Jensen and Christensen 2009）。

　そして Berle も会社の支配者集団の絶対的な権力行使の妥当性を実際に問えるのは，支配者集団たる経営者自身の良心であると説いている。この良心が何たるかは，必ずしも明示的ではないが，Berle の言から推測するに，それは「良い生活」を実現させ，促進させる規範原理といえなくもない（Berle 1955, p. 48, p. 135, 翻訳書, 52, 143 頁）。

　もちろん，これからの資本主義を支えるそのような規範原理が教条的で独善的なものであってはならない。そのためには機関投資家と経営者の対話のみではなく，従業員，顧客，取引業者，行政機関，地域社会等を巻き込むステークホルダー・エンゲージメントやバリュー・アラインメントの重要性は今後ますます大きくなっていくであろう（Ingram and Choi 2022；琴坂・トレバー 2023）。それと同時に人間の内的本性に関する考察も欠かせない。その理論的基盤を提供するために，「エージェンシー問題」から「協力問題」への取り組みが急がれるように思われる。

注

1）内閣府「昭和 55 年度年次世界経済報告」https://www5.cao.go.jp/keizai3/sekaikeizaiwp/wp-we80/wp-we80-00402.html#sb4.2.1

2）US. Dept. of Commerce, Statistical Abstract of United States, 1991, p. 540, table No.888 参照。

3）内閣府「平成 10 年度年次世界経済報告（世界経済白書）」https://www5.cao.go.jp/keizai3/sekaikeizaiwp/wp-we98/wp-we98-00203.html#sb2.3.3；https://www5.cao.go.jp/keizai3/sekaikeizaiwp/wp-we98/wp-we98-00301.html；内閣府「世界経済の潮流 2008 年 II」https://www5.cao.go.jp/j-j/sekai_chouryuu/sa08-02/pdf/s2-08-1-2.pdf

4）A Thinking Ahead Institute and Pensions & Investments「The world's largest 500 asset managers」https://www.thinkingaheadinstitute.org/content/uploads/2022/10/PI-500-2022_final_1013.pdf

参考文献

Bebchuk, L. A. and Tallarita, R. (2020), "The Illusory Promise of Stakeholder Governance," *Cornell Law Review*, Vol. 106, Issue 1, pp. 91-178.

Berle, A. A. (1955), *The Twentieth-Century Capitalist Revolution*, Macmillan.（桜井信行訳『二十世紀資本主義革命』東洋経済新報社，1956 年。）

Berle, A. A. and Means, G. C. (1982), *The Modern Corporation and Private Property*, William S. Hein & Co., Inc. (original edition 1932, Macmillan).（森杲訳『現代株式会社と私有財産』北海道大学出版会，2014 年。）

Bridoux, F. and Stoelhorst, J. W. (2022), "Stakeholder Governance: Solving the Collective Action Problems in Joint Value Creation," *Academy of Management Review*, Vol. 47, No. 2, pp. 214-236.

Hart, O. and Zingales, L. (2017), "Companies Should Maximize Shareholder Welfare Not Market

Value," *Journal of Law, Finance, and Accounting*, Vol. 2 (2), pp. 247-274.

Hilferding, R. (1968), Probleme der Zeit, in: Hilferding, R. (Hrsg.), *Die Gesellschaft, Internationale Revue für Sozialismus und Politik*, 1. Bd., Sauer & Auvermann (Originalausgabe 1924), SS. 1-17.

Ingram, P. and Choi, Y. (2022), "What Does Your Company Really Stand For?," *Harvard Business Review*, November-December, No. 6, pp. 40-47. (髙橋由香理訳「組織と従業員の『価値観』を一致させ，持続的な成長を実現する」『DIAMOND ハーバード・ビジネス・レビュー』第 48 巻第 4 号，2023 年，18-29 頁。)

Jensen, M. C. and Meckling, W. H. (1976), "Theory of the Firm: Managerial Behavior, Agency Costs and Ownership Structure," *Journal of Financial Economics*, 3, No. 4, pp. 305-360.

Jensen, M. C. (1989), "Eclipse of the Public Corporation," *Harvard Business Review*, September-October, No. 5, pp. 61-74. (中辻萬治訳「LBO アソシエーション」『DIAMOND ハーバード・ビジネス』第 15 巻第 1 号，1990 年，47-63 頁。)

Jensen, M. C. (2005), "Agency Costs of Overvalued Equity," *Financial Management*, Vol. 34, No. 1, pp. 5-19.

Jensen, M. C. and Christensen, K. (2009), "Integrity: Without It, Nothing Works," *Rotman Magazine* (an interview with Michael Jensen by Karen Christensen), Fall, pp. 16-20.

Kocka, J. (2014), *Geschichte des Kapitalismus*, 2. Auflage, C. H. Beck. (山井敏章訳『資本主義の歴史──起源・拡大・現在──』人文書院，2018 年。)

Mason, P. (2015), *Postcapitalism A Guide to Our Future*, Farrar, Straus and Giroux. (佐々とも訳『ポストキャピタリズム──資本主義以後の世界──』東洋経済新報社，2017 年。)

Mayer, C. (2018), *Prosperity: Better Business Makes the Greater Good*, Oxford University Press. (宮島英昭監訳／清水真人・河西卓弥訳『株式会社規範のコペルニクス的転回』東洋経済新報社，2021 年。)

Minsky, H. P. (1995), "Longer Waves in Financial Relations: Financial Factors in the More Severe Depressions II," *Journal of Economic Issues*, Vol. 29, No. 1, pp. 83-96.

Minsky, H. P. and Whalen, C. J. (1996), "Economic Insecurity and the Institutional Prerequisites for Successful Capitalism," *Journal of Post Keynesian Economics*, Vol. 19, No. 2, pp. 155-170.

Posner, E. A. and Weyl, E. G. (2018), *Radical Markets: Uprooting Capitalism and Democracy for a Just Society*, Princeton University Press. (安田洋祐監訳／遠藤真美訳『ラディカル・マーケット──脱・私有財産の世紀──』東洋経済新報社，2020 年。)

Veblen, T. (1898), "The Instinct of Workmanship and the Irksomeness of Labor," *The American Journal of Sociology*, Vol. 4, No. 2, pp. 187-201.

Veblen, T. (1958), *The Theory of Business Enterprise*, The New American Library (original edition 1904, Charles Scribner's Sons). (小原敬士訳『企業の理論』勁草書房，1965 年。)

Veblen, T. (1964), *The Instinct of Workmanship and the State of the Industrial Arts*, Augustus M. Kelly (original edition 1914, Macmillan). (松尾博訳『ヴェブレン 経済的文明論──職人技能と産業技術の発展──』ミネルヴァ書房，1997 年。)

Veblen, T. (1965), *The Engineers and the Price System*, Augustus M. Kelly (original edition 1921, B. W. Huebsch). (小原敬士訳『技術者と価格体制』未来社，1962 年。)

Whalen, C. J. (2001), "Integrating Schumpeter and Keynes: Hyman Minsky's Theory of Capitalist Development," *Journal of Economic Issues*, Vol. 35, No. 4, pp. 805-823.

岡本裕一朗 (2021)，『ポスト・ヒューマニズム──テクノロジー時代の哲学入門──』NHK 出版。

勝部伸夫 (2013)，「バーリの株式会社論の展開」経営学史学会監修／三戸浩編著『バーリ＝ミーン

ズ（経営学史叢書 第 V 巻)』文眞堂, 84-127 頁。
琴坂将広・トレバー, ジョナサン (2023),「コーポレートバリュー・アラインメント―企業に根源
　　的価値観を実装する方法―」『DIAMOND ハーバード・ビジネス・レビュー』第 48 巻第 4 号,
　　48-61 頁。
小林袈裟治 (1983),「企業の成長と経営者」岡田泰男・永田啓恭編著『概説アメリカ経済史』有斐
　　閣, 134-153 頁。
斎藤幸平 (2020),『人新世の「資本論」』集英社。
佐々野謙治 (1982),『アメリカ制度学派研究序説――ヴェブレンとミッチェル, コモンズ――』創言社。
中本悟 (1990),「1980 年代アメリカにおける企業合併・買収運動――LBO を中心に――」『季刊経
　　済研究』第 13 巻第 2 号, 大阪市立大学経済研究会, 54-82 頁。
盛山和夫 (2021),『協力の条件――ゲーム理論とともに考えるジレンマの構図――』有斐閣。

2　これからの資本主義と経営目的
——個別資本の3循環と目標管理経営——

高　橋　公　夫

Ⅰ．はじめに——経営学の3問題説——

　経営目的論を，独自の認識対象として本格的に取り上げたのは高田馨（1978）であった。彼はニクリッシュの研究（高田 1957）において，経営学の通説となっている経営経済学と経営組織論という2問題説から経営目的論を加えた3問題説を唱えるに至った。いわゆる規範学説だから，経営経済と経営組織に規範としての経営目的を加えただけだともいえるが，その後にこの3問題説が正面から取り上げられたということを知らない。これからの経営あるいは経営学は，経営理念と経営目標からなる経営目的の探求と追求が重視され，その経営目的によって経営経済と経営組織が意識的に運営されるようになる，ということを主張したい。

　近年「パーパス経営」（DIAMONDハーバード・ビジネス・レビュー編集部編 2021a, 2022）ということが言われているが，ここでは「目標管理経営」と称して，ドラッカーの目標管理（Drucker 1954）の考え方[1]を市場や社会における企業の経営に適用する。企業経営は，その存在意義となる経営目的を市場や社会から受け取るのである。

　しかし，経営学に経営目的論が必要であるという認識は，現代資本主義をどうとらえるかにかかっている。資本主義分析といえば，経営学では個別資本説ということになる（中西 1931；Marx 1867, 1885, 1894[2]）。それは，元手としての貨幣が生産過程・流通過程を通じてより大きな貨幣として回収される産業資本運動の定式によって表される。この定式は，変容烈しい現代資本主義においても貫徹している。ただし，その定式は資本主義の変容ととも

に，貨幣資本循環に内包されている生産資本循環や商品資本循環に基づく経営原則が次第に強調されてくることをも示している（三戸 1959, 1968）[3]。それを本稿では経営目的論の観点から考察する。

ところが個別資本説は唯物史観に立っているため，経営目的や経営規範などは上部構造として資本の論理の必然的な反映，あるいは正当化のイデオロギーであるとされてきた。しかし，資本主義が独占段階やフォーディズム以降の段階になると，個別企業の経営は単なる価値法則の担い手ではなく，独自の選択原理を持つようになる。そのためにすべてを価値法則に従って理解しようとする個別資本説は，新たな理解が求められるのである。

最後に，個別資本説は批判経営学とも呼ばれているが，その批判の原点は「疎外」あるいは「商品の物神的性格」（Marx 1867；副田 1980）[4]にある。これからの資本主義はこの点でどうなっていくのか，以上の議論を踏まえて考える。

II．産業資本運動の3循環と経営目的

1．貨幣資本循環から生産資本循環へ——営利原則から企業維持原則へ——

一般に，産業資本の運動は元手となる貨幣（M：Money）によって商品（C：Commodity）である生産手段（Pm：Production-means）を購入し労働力（Lp：Labor-power）を雇い入れ，それらを用いて生産（P：Production）を行い，その製品を商品（C'）として販売し，その売上（M'）から利潤（ΔM）を伴って回収される。固定資本の回収は一回の回転では回収できないから，回収された売上のうち利潤をのぞいた元手相当額あるいは追加投資額を加えた資金（M or M'）が継続的に再生産あるいは拡大再生産に回される。したがって，産業資本は循環運動として理解される（表式1）[5]。

市場の拡大や技術革新などによって固定資本が巨大なものとなってくると資本の回収は長期的なものとなり，資本の集積集中は独占的あるいは寡占的大企業を生む。巨大企業の倒産は大量の失業等の社会問題を惹起するから，大企業は継続事業体つまりゴーイング・コンサーンと認識されるようになる。すると経営のあり方も利潤追求そのものではなく，生産の継続あるいは

企業の維持存続が至上命題と理解されるようになる。したがって，継続的な生産過程から始まり継続的な生産過程で終わる生産資本の循環が経営の問題意識の中心を占めるようになる。つまり経営者，とくに所有と経営・支配が分離されている経営者支配においては，営利原則を考慮しつつも長期的には企業維持原則に基づいて経営されるようになる。以上，貨幣資本循環【表式1】と生産資本循環【表式2】の定式を図示すると以下のようになる（実線は流通過程，点線は生産過程）。

【表式1】　$M-C(Pm+Lp)\cdots\cdots P\cdots\cdots C'-M'(M+\Delta M)$
【表式2】　$\cdots P\cdots\cdots C'-M'(M+\Delta M)-C(Pm+Lp)\cdots\cdots P\cdots$

　以上の表式からわかるように，貨幣資本の循環は購買過程（$M-C$）から始まり販売過程（$C'-M'$）に至る流通過程に生産過程（$\cdots\cdots P\cdots\cdots$）が包摂されており，生産過程は売上（$M'$）に至る目的のための手段とみなされている。したがって，この運動は利潤追求（ΔM）を目的として営まれることを意味する。それに対して，生産資本循環においては$C'-M'-C$の流通過程が生産過程（$\cdots\cdots P\cdots\cdots$）の手段となっていることがわかる。つまり目的は生産過程あるいは生産手段と労働力からなる生産組織の存続発展にあることを意味する。したがって，自由主義経済においては単純に営利原則に従って経営が行われるが，いわゆる独占段階においては企業維持原則に従って非経済的手段をも利用した最大限利潤を求める経営が行われることになる。いずれも，それぞれの定式から，企業目的が利潤追求あるいは企業維持であることが自明である。だから取り立てて経営目的が議論されることはなかった。また一般的にも，産業資本の運動は貨幣資本循環の定式によって代表され，会計決算に基づく企業分析においては生産資本循環も貨幣資本循環に還元して理解することが通常であり，「結局は利潤追求でしょ」ということになる。理論的に言えば，個別資本説は価値論つまり価値の化身である貨幣資本循環を中心として考究されてきたのである。たとえば，個別資本説を創始した中西寅雄（1931，1936）は価値論体系としての個別資本説に固執したために，個別資本を具体的・実践的に理解しようとして，結局，経営学の経済学に対する独自性を断念し，固有の研究領域としては価値の計算体系として

の会計学に矮小化したのである。それに対して馬場克三（1957）[6]は，中西寅雄の理解は個別資本を社会総資本を構成する多数の部分（諸個別資本）として具体化する段階にとどまっていて，そこからは経営を経営たらしめる個別的な主体性は現れない。さらに各個別資本が産業間競争において平均利潤率を形成せしめる段階，および特別利潤を求めて同一産業部門内での戦略的競争下にある個別資本の段階を加えなければならないと主張した。この段階においてはじめて，個別資本の主体性あるいは意識性が問題になり，さらにそこから法則性の意識的適応としての経営技術論，あるいは経営管理論や経営組織論をも包摂・融合しうるとしたのである。つまり馬場説によれば，貨幣資本循環の価値増殖欲求に従いながらも意識的にそれを超えうる，つまり生産維持のためには当座の利潤にこだわらないという生産資本循環の論理に基づく経営行動が理解されるのである。

　個別資本の3循環は『資本論』の第2巻第1篇「資本の諸変態とそれらの循環」において論じられているが，個別資本の3循環を「経営の基本的性格」を表すものとして明確に指摘したのは三戸公の『経営学講義』（1966）においてである。つまり，貨幣資本循環は利潤追求目的を表しており，営利原則によって経営される。生産資本循環は生産組織の存続発展が目的であり企業維持原則によって経営される。そして，商品資本循環は社会的総資本の一環としての個別資本を表しており，社会的に必要とされる財やサービスを商品として提供することが目的であり，社会的責任原則によって経営されるとした。しかし，三戸は「もっとも主導的であり第一義的なものは，価値増殖である」「価値増殖を表示する貨幣資本の循環形式が個別資本を代表する……唯一の完結した表現形式であるからである」（三戸 1966, 46-47頁）[7]としている。この時点では，三戸は中西説に与していたのである。その後，経営者の意識性と主体性を認めた馬場説の再評価がなされたが（三戸 1979），ここでは三戸の個別資本の3循環に伴う経営の基本的性格の議論を馬場説の方向で取り上げたいと思う。そうすると，生産資本循環の企業維持原則に基づく経営が，利潤追求を必要条件としながらも，それを超越した独自の経営様式を追求しうるものであることが理解されるのである。

　経営目的論から言えば，貨幣資本循環は価値増殖つまり利潤追求を目的と

した経営を示唆し，生産資本循環は企業の生産組織を存続発展させることを目的とした経営を示唆する。企業維持原則からする経営はすでに藻利重隆とドラッカーによって理論化がなされている（藻利 1956；Drucker 1950）。

2．商品資本循環と社会的責任原則

それでは第3の循環形式，つまり商品資本循環はどうであろうか。商品資本循環【表式3】は以下のように定式化される。

【表式3】　…C'−M'(M＋ΔM)−C(Pm＋Lp)……P……C'−

この表式からわかることは，流通過程（C'−M'−C）と生産過程（C……P……C'）が目的と手段の関係になく，相互依存であり，したがって個別資本は孤立したものではなく社会的総資本の一環としての機能を果たしていることを表している。ということは，この循環形式そのものの中には目的が見出されないのであり，目的はこの運動の外，つまり市場や社会にあるということである。この運動は販売過程（C'−M'）から始まっており，それはマルクスが「商品の命がけの飛躍」（Marx 1867，翻訳書第1巻，188頁）と呼んだ過程であり，売れない限りは何も始まらないわけである。つまり手持ちの商品が市場で売れるものでなければならないということであり，売れるためにはその商品の便益と品質という使用価値が価格を考慮した上で問われることになる。こうした使用価値が顧客によって主観的に効用として評価されてはじめて取引が成立する，つまり顧客が創造されるということである。したがって，ここでは価値の具体的な担い手である使用価値が問われているのであり，価値実現は取引成立の結果であり使用価値次第となる。だから商品資本循環は価値増殖の貨幣資本循環とは対極的な使用価値主導の論理，社会的効用追求の論理となる。

なお，C'−M'(M＋ΔM)−C の流通過程は当然貨幣資本循環や生産資本循環においても存在している。しかし，貨幣資本循環においては購買過程（M−C）と販売過程（C'−M'）が分断されるとともに販売過程（C'−M'）が最終過程となっている。つまり見込み生産であり，最終的に一か八かの販売競争にさらされていて，その結果として利益をあげた上で会社を清算して

もよく，継続的に再生産しなければならない必然性はない。それに対して，生産資本循環や商品資本循環においては C'−M'−C が単純商品流通つまり買うために売る過程として分断せれることなく継続的な生産資本循環・商品資本循環に組み込まれている。だから販売過程（C'−M'）は徹底的かつ継続的に管理されなければならず，マーケティングが絶対不可欠のものとなり，さらには生産手段が国有化されて計画経済となれば，商品市場は止揚されて配給制度に代えられる。

　ところが，もしマーケティングをはじめとする市場情報がいち早く正確に生産過程に送られるなら，大量生産の市場経済においても売れ筋に応じてより予測可能な生産計画が立てられるようになる。トヨタは，カンバン方式とジャストインタイムによって売筋生産と無在庫経営を成し遂げ，生産資本循環に従うフォード流の市場への押出し（push）方式から市場からの引っぱり（pull）方式への転換を実現した。今では，情報通信の発達によって，コンビニなどで常識となったポス（POS：Point of Sales）システムつまり販売時点管理が一般的なものとなった。まさに，これは C'−M' の販売過程を始点とする個別資本の運動，すなわち商品資本循環を中心とした経営への推転ということになる。[8]

　さて，商品資本循環を中心として経営がなされると，その目的は社会が求める使用価値の経済的提供となるが，その内容は確定されたものではない。なぜなら価値は貨幣額で成果が計れるが，使用価値はまさに共同主観的な社会的評価にかかっているからである。したがって，多様な社会的課題にこたえるような財やサービスを商品として提供することが目的となり，それぞれの企業は自らの実現可能な経営目的や理念に従ってドメインを選択し，具体的な経営目標を設定し，実現させなければならない。ここに，商品資本循環を中心とした経営において，とくに経営目的論さらに具体化された経営（事業）戦略論（1960 年代より盛んに論じられるようになった）が意識的に取り上げられなければならない理由がある。

Ⅲ. 経営目的論の展開

　高田馨は，経営経済と経営組織という2つの問題に加えて，経営目的を経営学の認識対象とする理由を次の3つに要約している（高田 1978, 6-14頁）。つまり，①経営経済と経営組織を結合する要因としての経営目的，②経営意思決定の原点としての経営目的，そして③経営環境の変化に応じて経営目的を改革する必要性である。以下，取り上げて論じる。

1. 高田馨の「経営目的論」——①経営経済と経営組織の結合要因——

　高田馨は，経営学の認識対象を「計算と組織」（中西寅雄）あるいは「価値の流れと組織」（馬場敬治）とされる経営経済学と経営組織論という2問題説に，経営目的論を加えた3問題説を提唱した（高田 1978, 4-5頁）。彼は新カント学派のリッカートやマックス・ウェーバーが唱えている構成主義の方法論に依拠している。つまり理論的認識とは，われわれが感覚的に経験している対象から「これぞ問題である」という一定の関心から選択されて構成された認識対象についての認識であるという。だから科学は経験的対象を丸ごと認識することはできないのであり，一定の見地から選択された対象についての認識でしかない。したがって，経験対象の全体的な認識は不可能であり，物自体の認識は不可知であるともされるのである。また人文・社会科学においては，人の行いを動機あるいは目的から構成的に理解して分析するという独特の方法が考えられる。客観的な人の行いを行為者の動機あるいは目的の見地から分析して，そこにある因果的な関連を探ろうという方法である。それにより，唯物史観でいう上部構造を単なる下部構造の反映としてではなく，相対的に独自の作用として明らかにすることができる。したがって，3問題説に絡めていえば，経営経済の価値法則から相対的に自律した経営管理や経営組織の機能，あるいは経営目的の統括的な作用をも認識することができることになる。

　高田馨は経営目的と経営経済および経営組織の関連を以下のように考えている（高田 1987, 9-11頁，図1.）。

図1　三大基本問題の動的関連

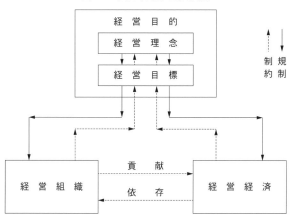

出典：高田（1987），11頁。

　経営目的は経営理念と経営目標からなるが，「経営目的は経営組織と経営経済に存在意義を与える」。「経営組織においては，トップ・マネジメント職位が直接的に経営目的を担当するが，その経営目的はミドル・マネジメント以下の職位によって分担される」。また「経営経済は企業資本の調達・運用・決算の過程であるが，これも，すべて経営目的を達成するために形成され実行される」。「経営組織は経営経済に貢献し，経営経済は経営組織に依存する」[9]。そして企業環境の変化によって，3者の関係は「経営目的（経営理念→経営目標）→経営組織・経営経済の規制関係と，経営組織・経営経済→経営目的（経営目標→経営理念）の制約関係」という動態性を持っているとされる。つまり，経営目的は経営理念と経営目標からなる独自の体系であるとともに，その経営目的の体系が経営経済と経営組織を規制し制約される動態的関係にある。言い換えれば，経営目的という上部構造と経営経済や経営組織という下部構造が規制し制約される動態的な関係にあるというのである。

2．価値前提の設定──②意思決定の原点──

　計画・指導・統制といった経営過程は，すべて意思決定がかかわっている。人は感情や習慣によって動かされることもあるが，経営という意識的な活動においては行為に先立って意思決定がなされる。意思決定は目的を実現

するための代替案の措定，それぞれの代替案の結果の予見と評価，および最良の代替案の選択からなる。つまり，目的は決定の基準となっている。サイモン（Simon 1957）は意思決定を価値前提と事実前提から結論を導く過程としたが，価値前提は所与とし，事実として合理的に満足できればよいとした。また，組織的意思決定は階層的な目的と手段の連鎖の中での決定であるから，より上位の決定に連なる決定を価値的判断とし，それを所与とした決定を事実的判断とした。しかし，目的と手段の連鎖を遡っていけば究極的には価値前提そのものが設定されていなければならない。いずれにしろ，究極的には価値判断を含んだ目的の設定がなされなければならない。

　同様の議論を高田は以下のように展開している（高田 1987，第5章）。経験対象から認識対象を抽出する基準を選択原理というが，経営においては経営目的が経営経済や経営組織の選択原理になっている。しかし，経営目的自体の選択原理は基本的な選択原理として別個に考えなければならない。それはいかなる所与をも前提としない価値前提の設定であり，高田はそれを「人間の幸福」[10]という価値関心とした。これは経営学者としての高田馨が主観的に価値判断したものであり，経営目的論はこの究極的価値に関連して経営理念論・経営目標論と具体化されることになる。こうした価値観の表白は，科学にふさわしくないとするかもしれないが，社会科学の認識においては暗黙にでも忍び込んでいて，結局は避けられないものである。通常経営学は，企業とは利潤追求あるいは収益性を目的として経営されるものと自明視してきた。その他の目的を表明する場合は，利潤追求を糊塗したり美化するものと見られてきた。しかし，たとえば高田と同様の価値前提を表明した経営学者に桜井信行がいる。彼によると，現代経営学とは「すべての人間のしあわせを増進するための学問」（桜井 1967, ⅲ頁）であるという。それが桜井の言うように「経営過程論的分析」によって実現するかは疑問であるが，次節でこの問題を経営における疎外と物神化の問題として取り上げる。

3．経営目的の変質とガバナンス──③経営目的改革の要請──

　これからの資本主義にとって，経営目的や経営理念に関する議論が重要となる理由は，企業内外の環境変化に伴って経営目的が利潤追求といった単純

なものから，いかなる社会的要請に答えうるかという公共性を帯びたものとなってきたからである。たとえば，さまざまな社会問題や地球環境問題への対応，あるいは国際化や技術革新に伴う労働の変化への対応，雇用・失業問題，また経営倫理や企業統治体制の抜本的改革のような企業内の変化にも目的意識的に対応しなければならなくなってきた。今や社会に責任を持つ事業をいかに担うかということが，経営目的として選ばれなければならない。したがって，それは社会改良の使命を持つ非営利組織の経営とほとんど連続したプロセスであるということができる。[11] ドラッカーは企業の社会的責任として，公害のような自らが社会に与える衝撃に対処すること，および社会の一員としての企業がかかわりのある特定の社会的課題を担いうることを上げている（Drucker 1974, Chap. 24-28）。企業が直接間接に社会に与える衝撃は必ず取り除くか軽減すべきであり，可能ならば公害防除施設の製造販売のように事業化すべきである。また社会的課題への貢献については，事業外のフィランソロピーとして行うばかりでなく，できれば事業化を試みるべきであるとする。まさに企業経営とは営利を通じた社会変革機関というべき存在となるのである。しかし，そうした社会的課題を担った企業経営の事例は今日に始まったことではない。たとえば，長谷川直哉の近著『SDGsとパーパスで読み解く責任経営の系譜』（2021）は，そうした事例を多数紹介している。しかし，それらは「伊庭貞剛——『自利利他公私一如』の事業精神——」とか「金原明善——ソーシャルビジネスの先駆者——」「鈴木道雄——社会の変化からオポチュニティを掴む経営構想力——」などのように企業家列伝のような個人的信念に基づく経営であった。本論が問題としている経営目的論は，そうした個人の努力とともに，より開かれたステークホルダーによる経営を求めている。たとえば，ヘンリー・フォードは利潤原則を否定して社会貢献原則をたてたが，ワンマン経営のために買替え需要という市場環境の変化に適応できず，業容の悪化とともに社内的には恐怖政治にまで陥ってしまった。[12] したがって，継続的企業経営としては次々に新たな経営目的や経営目標が新たな人々によって更新されなければならない。そのためには個人の構想力だけに頼るわけにはいかず，その企業のあらゆる利害関係者の意見やアイディアが反映され，チェックされなければならないということになる。

　それら試みはすべて，わが社は社会に対して何ができるかという経営目的
の探求から始まる。つまり，企業全体や上位の目的から自らの目標を設定し
自己管理するという目標管理の考え方が企業経営レベルにまで適用され，市
場や社会からの特定の要請を自社の企業目的とするのである。いわば「目標
管理経営」というべきものが必要であろう。ただし，そうした社会的要請を
商品化するには，経営者だけに任せるわけにはいかない。当然社会的なマー
ケティングが必要であり，消費者や地域住民，また労働者などのさまざまな
利害関係者が社外取締役や経営モニターあるいは労使交渉や協議会などの形
で経営に携わる必要がある。以上，経営目的論の必要性と可能性が３点にわ
たって明らかにされた。[13]

Ⅳ．物神崇拝と人間の幸福

　すでにみたように，個別資本が商品資本循環を中心として経営されるとい
うことは，企業が孤立して機能するのではなく，市場や社会の一環として社
会的役割や責任を担って活動するということである。そのことは，当然社会
的な経営目的や経営理念あるいはそれらを具体化した経営（事業）戦略を形
成させるが，それは資本主義の歴史的発展過程においてどのようなことを示
唆するのであろうか。

1．商業資本と単純商品流通
　まず，近代資本主義は産業資本のシステムであるが，それは商業資本が生
産過程を内包するという形で始まった。つまり，問屋制家内工業から工場制
手工業（マニュファクチャー）への推転である。これを可能にしたのは問屋
制の運用にかかわる取引コストより，分業に基づく協業を進める工場制の管
理コストの方が相対的に安くなったからである。そこで，問屋が職人を雇っ
て工場制を始めるか，あるいは問屋資本に従属していた家内工業が自立する
か，いずれにしろ商業資本のシステムからの進化であった。商業資本（M－
C－M'）が生産過程（……P……）を内包して産業資本（M－C……P……C'－
M'）となったのである。したがって，資本運動の原型は商業資本の分析に

求められなければならない。商業資本の運動はやはり2つの循環形式からなる。つまり貨幣資本循環（M−C−M'）と商品資本循環（C−M−C'）である。前者は明らかに利潤追求をめざしているが，後者は単純商品流通であり商品資本としては長期持続的経営を目指す時に意識される。たとえば，商店主が持続的に経営を指向する時に思うのは，ここにある商品や在庫をいち早く売って利益を上げるとともに，新たな仕入れを可能にすることであろう。つまり，売るために買うのではなく，買うために売るのである。後者は賃労働の論理，つまり消費のために労働力を売るという論理でもある。本来の商業機能というものは，貨幣を手段として社会的な流通・分配機能を，あるいは統制経済においては配給機能をはたすものである。さらに，この機能は原始的には貨幣を仲立ちとしない物々交換であったと推定される。それは需給状況あるいは価値観の違う他の共同体との間で始まったとされる。つまり，はじめは共同体の境界に物を置いておく沈黙交易や贈与形式での交易が行われていたが，次第に特定の物たとえば石とか貝とか金とかが一般的等価物，つまり貨幣（M）として利用されるようになった。貨幣を仲立ちとする交易によってはじめて商業が始まり（C−M−C'からM−C−M'へ），そこで取引される物は商品（C）となった。

　以上のことから，現代資本主義において産業資本の運動が貨幣資本循環（MからM'）中心から商品資本循環（CからC'）中心へと推移してきたことは，商業資本の運動における貨幣資本循環から商品資本循環への，つまり本来の商業機能への遡行に対応する論理であったということができる。とすると，貨幣の無限の増殖欲求を可能にする論理（価値法則）以前の，具体的で満足できる必要充足のための交換論理の実現が経営目的とされる可能性を示唆するものである。もちろんこれは歴史的・論理的な説明であるが，主として商品資本循環の論理に従うこれからの資本主義における経営目的論と類比されうるであろう。

2．貨幣物神・組織物神と経営目的

　資本主義とは，社会の富が「巨大な商品の集積」（Marx 1867）として現れる社会である。商品とは，貨幣によって売買されて社会の欲求充足を実

現する富である。だから，資本主義とは商品と貨幣の交換関係の集積でもある。欲求の充足を可能にする商品の効能は使用価値であり，それが交換関係に入りうるということはその商品に価値があるということであり，商品は使用価値と価値との統一である。交換を可能にする特性を価値というなら，何とでも交換ができる貨幣は価値の化身であり，その意味で，あらゆる人間の欲求が数量的に集約された対象，つまり価値尺度であり，支払手段であり，蓄蔵手段である。したがって価値こそが主役であり，使用価値はその担い手でしかないということになる。われわれの具体的な欲求は物やサービスの使用価値であって，抽象的な貨幣ではない。貨幣を欲するのはそれがいかなる使用価値を持った商品とでも交換できるという抽象的な効能によってである。ここに目的と手段の転倒が生じる。つまり，具体的な使用価値を持った商品を求める行為のために貨幣という手段を欲するのであるが，いつでもどこでもどんな使用価値とも交換することができる貨幣をできるだけ多くあらかじめ所有していたいという欲求が目的となる。人間の欲求が貨幣という物によって支配されるので，これを貨幣物神という。その運動論理を表すものが貨幣資本循環である。

　同様のことは，生産資本循環についても言うことができる。それは生産組織の存続発展が目指され，単純協業，分業に基づく協業，機械制分業に基づく協業と進化していくにしたがって組織は官僚制化し，それ自体が自律し独自の論理を展開していく。利潤つまり貨幣欲に駆られて拡大していく生産過程は，次第にそれ自体の存続発展のためには利潤を稼がなければならないと転倒して理解される。その結果が，生産資本循環の自律化であり，組織の物神化である。しかし，これまでの資本主義分析においては，これを貨幣資本循環に還元して理解してきた。したがって作業の単純化とか非人間的な規律化といった本来管理による疎外も，すべて資本による疎外と見なされてきたのである。しかし三戸公[14]によると，組織あるいは官僚制による疎外や抑圧は生産力そのものからくるのに対して，資本によるそれは生産関係からくるものである。にもかかわらず唯物史観に立つマルクスは，抑圧システムとしての行政官僚制等は打ち壊さなければならないとしながらも，生産力そのものである産業における官僚制つまり生産組織は受け継ぐべきものとして例外化

し免罪としたという。[15]

　さて，商品資本循環についてはどうであろう。それは生産過程と流通過程，組織と資本が相互依存の関係にあるとともに，社会的総資本の一環として運動の目的あるいは成果が市場や社会に開かれている。相互依存ということは相即的とともに相反的でもあり，組織の時代の後には生産過程（C……P……C'）を空洞化した[16]市場主義的な新自由主義がやってきたというのもうなずける。[17]しかしその相即的特性からは，両者の統合的展開が可能であり，求められるということになる。そうした方向は，自然の成り行きとして実現するかもしれないが，またそうした傾向を受け止める経営の意識的努力も必要である。そのためには貨幣物神と組織物神という転倒した神秘性から脱却し，[18]人々の幸せにつながる社会的に適切な経営目的を立てて実行する必要がある。経営目的こそ，経営経済と経営組織を結合し，市場や社会が求める財やサービスを経済的に提供するという全プロセスにおいて，指針となるものだからである。しかし，いかなる目的をいかなる方法で実現するかを決定することは，チェック機能を含めて市場の淘汰や独善的になりやすい経営者だけに任せるわけにはいかない。社会的使命を帯びた経営目的は，消費者や従業員をはじめとして，株主や地域住民などあらゆるステークホルダーによる意思決定への参加が求められるのである。[19]

Ⅴ．むすび──アソシエーショナルな経営──

　資本主義とは，商品貨幣経済つまり資本運動の循環を中心とした経済であるが，今のところそれに代わりうる経済システムは見出されない。また，経済をその他の社会的機能を踏まえた全体的な観点から指導する政治行政システムも必要であり，それらの調和ある機能連携が必要である。しかしグローバリゼーションの今日でも，国民経済を超えた統治機関は部分的にしか確立していない。また，協同組合とか非営利組織のような互酬的あるいは贈与的な経済も台頭してきた。企業においても，たとえばSDGsに準拠した経営目的を立て，社会的な課題のためには利潤に一喜一憂しないという会社も現れてきた。その実行と監視には，取締役会とか経営協議会などへのステーク

ホルダーの参加が求められる。資本主義には強欲な資本家というイメージが付き纏うが，リーマンショック後には機関投資家へのスチュワードシップ・コードとか，ESG投資といった公共性を意識した制度に変わりつつある。[20]

　柄谷行人（2022）によると，資本主義は終焉するだろうが，資本や国家を揚棄することはできないであろう。ただ，原始共同体における互酬的交換経済の「高次元での回復」としてアソシエーショナルな「社会主義」がやってくる可能性がある。しかも，それは「人が願望し，あるいは企画することによって実現されるようなものではない。それはいわば"向こうから"来るのだ」（柄谷 2022, 395頁）とする。しかし，それでは資本主義の終焉ではなく，資本主義の変容と言うべきではないだろうか。本論は，これからの資本主義は主に商品資本循環の論理にしたがって各企業が特定の社会的要請を創造的な経営目的とし，諸利害関係者のアソシエーションによる動態的な目標管理経営が求められるようになるであろう，あるいはなってほしいと主張するものである。

注

1）コメンテーターの上林憲雄によると，実際に行われている「目標管理」はドラッカーが言っているようなものではないのではないか，との指摘を受けた。私も同様の懸念を持っていたので，この副題の変更を考えたが，ここではドラッカーの「企業の客観的必要（目的）を個人の主観的な目標に変換し，成果の達成を確かのものにする」という本来の目標管理の提唱に従いたいと思う。それにより，「自由にして機能する分権的で自律的な管理」を目指すのである。

2）個別資本説はマルクスの『資本論』を経営学として翻案したものであり，中西寅雄によって創始された。『資本論』は資本主義批判と社会主義を提唱する理論と考えられているが，資本主義の概念的分析であり，個別資本の定式は常識的に理解できるものである。中西（1931）；Marx（1867, 1885, 1894）。

3）貨幣資本循環・生産資本循環・商品資本循環という個別資本の3循環を，経営の営利原則・企業維持原則・社会的責任原則と対応させる理解は，三戸公による創見である。彼は『個別資本論序説』の増補版において「わたくしは，この三循環の特質を明かにすることにより，企業の基本的性格の何たるかを明らかにしようとしたのである。……冒険かもしれないが，一つの試論としてこころみたのである」と述べている（三戸 1968）。そして「三循環の分析の意義はそれにつきるものではない」としているが，本稿は三戸が果たせなかった三循環の分析の意義をさらに深めることになる。それにより，古臭くイデオロギー的に見られてきた個別資本説の現代的意義がアップトゥデイトされ，明瞭になるであろう。

4）「疎外」あるいは「商品の物神的性格」については，マルクス『資本論』第1巻第1篇第1章第4節「商品の物神的性格とその秘密」が代表的な主張であるが，筆者はとくに副田満輝の理解に拠っており，その克服としての社会主義についての疑問も共有している（副田 1980）。なお，副田は人間の本質が抽象されたものが「神」であり，それに人間が跪拝することを自己疎外と理

解している。つまり疎外とは一種の抽象であるという。したがって抽象という人間の観念作用は，常に疎外の契機を含んでおり，積極的に作用することもあればまた否定的にも作用することがあるという。類似の指摘は，アルフレッド・ノース・ホワイトヘッドによって「具体性置き違いの誤謬（Fallacy of Misplaced Concreteness）」と表現されている。類似しているが，その異同については検討されなければならない。この概念によって，近代文明を批評しているのが村田晴夫（2023）の『文明と経営』である。

5）個別資本の表式は『資本論』にならってドイツ語表記が一般的であるが，ここでは英語表記とする。

6）馬場克三の理論は「5段階説」と呼ばれている。その第1段階は社会総資本と個別資本とが未分離の段階，中西がとどまっているとする第2段階は，社会総資本が多くの個別資本の絡まりからなるとする段階である。第3段階は産業部門間の競争において平均利潤率が成立する段階であり，第4段階は同一産業部門内において特別利潤を求めて戦略的に競争している個別資本の段階である。この段階に至って経営の意識的主体性が見いだされ，経営学の独自の認識対象となるとする。さらに第5段階は他人資本，つまり貸付資本の成立の段階である。馬場5段階説をめぐる方法論争は（馬場編著 1968）に詳しい。

7）なお，三戸は『個別資本論序説』において，私のここでの3循環の解釈を藻利重隆の解釈とともに「すりかえ」として批判している。「藻利教授は，営利原則（貨幣資本の循環形式にて集中的にしめされるもの）をいつのまにか企業維持原則（生産資本の循環形式にて集中的にしめされるもの）なるものにすりかえてしまわれたが，なかには，営利原則をもって，商品資本の循環形式でもって示されるもの，すなわち，企業の社会的責任なるものにすりかえる学者もすくなくない」（三戸 1959, 61頁）。

8）高橋公夫（2021）の第4章「現代資本主義と株式会社──個別資本の3循環と企業統治──」においては，Langlois（2007）の「市場の厚み」などによって生産資本循環から商品資本循環への資本運動の推転を説明している。なお，ジャーナリストのニコラス・レマンは生産資本循環主導の時代から商品資本循環主導の時代への推転を Organization Man の時代から Transaction Man の時代への推移と論じている（Lemann 2019）。

9）経営組織と経営経済との「貢献と依存」の相互制約関係について，高田はニクリッシュの形成の原理と維持の原理に対応するものだとしているが，個別資本説では経営経済（資本）の論理に経営組織の論理が一方的に追従するものとされている。

10）いうまでもなく「幸福とは何か」と問うことができる。高田馨も「幸福価値そのものが可変的であり相対的であることを認めておかねばならない」（高田 1987, 210頁）としている。近年はとくに，幸福を可能にするのは分権的な民主主義なのか，あるいは集権的な権威主義なのか，という根本的に敵対するイデオロギーが問われている。

11）かつて私は，ドラッカーが営利企業の経営と非営利組織の経営を共通の経営論理として捉えることに危惧を覚えると述べた（高橋（2021）「第11章 非営利組織のミッション経営─島田恒『非営利組織研究──その本質と管理──』をめぐって─」）。しかし，むしろ社会的に必要な事業を営利と非営利とが分担して担い，それぞれが経営の手法を尽くして経営すべきであると考えるに至った。

12）フォードのマネジメントを無視したワンマン経営についてはドラッカーの「フォード物語」（Drucker 1954, Chap.10 "Ford Story"）が鮮やかである。今日ではさらに，マネジメント自体の独善を防ぐためにステークホルダーによる参加とチェックが必要とされる。

13）経営目的論にはさらに，経営経済と経営組織による活動の成果を目的的結果とともに随伴的結果を含めて検証するという課題が残されている。バーナードの言う目的的活動の有効性と能率による考察である。

14) 三戸（1973）。三戸は「産業における官僚制の成立」（傍点は引用者，以下同様）の事情をマルクスの『資本論』の相対的剰余価値生産の論理から読み解いている。しかしそれに続く「産業における官僚制の確立」においては，職階制と職務給形態の成立によって「産業における官僚制組織の確立」とし，独占的あるいは寡占的な企業によるマーケティングなどを活用した市場支配をもって「産業における官僚制支配の確立」とした。また，ひとたび所有と支配が分離した経営者支配であったが，機関所有の成立により所有面からも「産業における官僚制の基盤」が確立したと論じた。しかし，独占的とされた大企業による市場支配は継続的に維持することができなかったし，機関所有の形成と発展はむしろ株主支配の強化，つまり物言う株主の台頭を許してしまった。それまでの組織主義は，いつの間にか新自由主義的な市場主義に推転したのである。そうした推移を，当時の三戸は予想することができなかった。

15) 産業における官僚制を免罪としたマルクスは，同時に労働者を代表して生産を科学的・計画的にコントロールする無謬の共産党権力を免罪にする道を開いた。

16) たとえば生産過程（C……P……C'）は労働力の安い中国などに移転し，グローバル・サプライチェーンを形成することとなった。あるいは次第に負担となっていく管理コストよりテンポラリーな取引コストの方が安いとして多くの機能がアウトソーシングされた。それによって，企業経営においては組織能力（ケイパビリティ）が衰退し，国民経済においては経済安保をはじめとして脆弱なものとなってしまった。なお，流通過程（C'－M－C）はいうまでもなく商業資本（M－C－M'）の社会的機能であり，商業資本に生産過程は存在しない。また，脱工業社会における主要産業であるその他のサービス業はいわば販売時点生産とでもいえるので，サービス業の生産過程は流通過程と重なってくる。したがって，商品資本循環を中心として運営される先進的脱工業社会においては流通過程に収束する傾向がある。そのため，とくに販売過程（C'－M'）を中心とした市場主義，さらには金融商品のイノベーション（たとえばサブプライムローン）を期待するような市場主義が求められ，新自由主義が跋扈することとなった。

17) 商品資本循環が販売過程（C'－M'）から始まるということは，ある意味では市場主義そのものだということができる。たしかに商品資本循環は，資本や組織が商品を通じて社会に奉仕するための手段であることを表している。しかし同時に，本来的には商品にふさわしくないものを商品として扱ってしまうという本質的な問題がむき出しになる。つまり貨幣および土地や労働力が商品となることによる弊害である。金融商品の弊害についてはリーマンショックによって顕在化した。また，人や事業はいずれかの土地に所在せざるを得ないにもかかわらず，土地は限定的で条件的な存在であるために，実需から乖離した投機の対象になる。労働力は商品となることによって人格の分裂をきたすだけでなく，商品資本循環においては能力差や運などによって市場価値による格差はさらに拡大する。これらの問題は資本主義そのものの問題として残らざるをえないし，規制をはじめとして再分配や贈与の経済など何らかの「脱商品化」が必然的に提起される。そして，商品化されざる社会的に必要とされる財やサービスは，行政をはじめとしてさまざまな民間非営利組織において事業化が試みられねばならない。

18) 貨幣資本循環を中心にした経営は貨幣物神を生み，生産資本循環を中心とした経営は組織物神を生む。『資本論』が示唆する「商品の物神的性格」とは，貨幣に反映した姿様における，つまり価値形態における物神を意味した。しかし，それとの絡みで組織が独自の疎外形態つまり物神となりうることを三戸公は指摘した。したがって，商品資本循環を中心にした経営がいわば「商品物神」に跪拝した経営とならないわけではない。金融商品の販売などはその代表的なものであり，リーマンショックはその物神性を暴露した。つまり，売れる商品ならば何でもよいというわけではない。特定の使用価値（金融商品のほかにもたとえばアイドルのグッズとか骨董品，石油とか麻薬など）が商品物神となりうることは明らかである。物神からの脱却は，最終的には人間の精神にかかっているというべきであろう。

19) 近年では，ステークホルダーによる経営はトレンドとなっている。たとえば，DIAMOND ハーバード・ビジネス・レビュー編集部編（2021b）。

20) アメリカのビジネスラウンドテーブルは 2019 年に「企業の目的に関する声明（Statement on the Purpose of a Corporation）」を発表し，株主第一主義から脱却して，これからはすべてのステークホルダーに配慮した経営を目指すとした。また，2020 年 1 月に開催された世界経済フォーラム（ダボス会議）でも，「ステークホルダー資本主義」（Schwab 2021）が議題として取り上げられた。すでに経営戦略論の大家マイケル・E. ポーター（Poter and Kramer 2011）は，経済的価値とともに社会的価値をも創造する経営を CSV（Creating Shared Value）経営として提唱していた。これらの開明的ともいえる経営者や学者たちの提唱に対して，シドニー工科大学のカール・ローズ（Rhodes 2022）は，こうした「意識高い系資本主義（Woke Capitalism）」もコロナ禍における容赦ない首切りに見るように，うわべだけのものであり，結局は民主主義を空洞化するものであるとして批判している。

参考文献

Drucker, P. F. (1950), *The New Society: The Anatomy of the Industrial Order*, Harper & Row. （現代経営研究会訳『新しい社会と新しい経営』ダイヤモンド社，1957 年；村上恒夫訳『新しい社会と新しい経営』1972 年）。

Drucker, P. F. (1954), *The Practice of Management*, Harper & Row; Mercury Books, William Heineman, 1961. （野田一夫監修／現代経営研究会訳『現代の経営』ダイヤモンド社，1965 年；上田惇生訳ドラッカー名著集『現代の経営』ダイヤモンド社，2006 年，他）。

Drucker, P. F. (1974), *Management: Tasks, Responsibilities, Practices*, Harper & Row. （野田一夫・村上恒夫監訳／風間禎三郎・久野桂・佐々木実智男・上田惇生訳『マネジメント——課題・責任・実践——（上・下）』ダイヤモンド社，1974 年；有賀裕子訳『マネジメント——務め，責任，実践—— I 〜Ⅳ』日経 BP 社，2008 年；上田惇生訳ドラッカー名著集『マネジメント——課題・責任・実践——（上・中・下）』ダイヤモンド社，2008 年），「社会的衝撃と社会的責任」，第 24 章から第 28 章。

Langlois, R. N. (2007), *The Dynamics of Industrial Capitalism: Schumpeter, Chandler, and the New Economy*, Routledge. （谷口和弘訳『消えゆく手——株式会社と資本主義のダイナミクス——』慶應義塾大学出版会，2011 年。）

Lemann, N. (2019), *Transaction Man: Traders, Disrupters, and Dismantling of Middle-Class America.* （薮下史郎・川島睦保訳『マイケル・ジェンセンとアメリカ中産階級の解体——エージェンシー理論の光と影——』日経 BP，2021 年。）

Marx, K. (1867, 1885, 1894), *Das Kapital* I, II, III. （向坂逸郎訳『資本論』岩波文庫，1969-1970 年；マルクス・エンゲルス全集刊行委員会訳『資本論』大月書店，1982 年。）

Poter, M. E. and Kramer, M. R. (2011), "Creating Shared Value," *Harvard Business Review*, Jan-Feb, pp. 62-77. （DIAMOND ハーバード・ビジネス・レビュー編集部訳「共通価値の戦略」『DIAMOND ハーバード・ビジネス・レビュー』2011 年 6 月号，8-31 頁。）

Rhodes, C. (2022), *Woke Capitalism: How Corporate Morality is Sabotaging Democracy*, Bristol University Press. （庭田よう子訳『WOKE CAPITALISM——「意識高い系」資本主義が民主主義を滅ぼす——』東洋経済新報社，2023 年。）

Schwab, K. (2021), *Stakeholder Capitalism: A Global Economy that Workers for Progress, People and Planet*, John Wiley & Sons, Hoboken, NJ. （藤田正美・チャールズ清水・安納令奈訳『ステークホルダー資本主義——世界経済フォーラムが説く，80 億人の希望の未来——』日経ナショナルジオグラフィック，2022 年。）

Simon, H. A. (1957), *Administrative Behavior*, Free Press, 1947, 1957 (2nd.), 1976 (3rd.), 1997 (4th.). (松田武彦・高柳暁・二村敏子訳『経営行動——経営組織における意思決定過程の研究——』ダイヤモンド社, 1965 年 (2 版), 1989 年 (3 版)；二村敏子・桑田耕太郎・高尾義明・西脇暢子・高柳美香訳『経営行動——経営組織における意思決定過程の研究——』ダイヤモンド社, 2009 年 (4 版)。)

柄谷行人 (2022),『力と交換様式』岩波書店。

桜井信行 (1967),『現代経営学——過程論的分析——』東洋経済新報社。

副田満輝 (1980),『マルクス疎外論研究』文眞堂。

DIAMOND ハーバード・ビジネス・レビュー編集部編 (2021a),『PURPOSE　会社は何のために存在するのか　あなたはなぜそこで働くのか』ダイヤモンド社。

DIAMOND ハーバード・ビジネス・レビュー編集部編 (2021b),「特集　ステークホルダー資本主義——社会価値と企業価値, どちらも追求する——」『DIAMOND ハーバード・ビジネス・レビュー』2021 年 10 月号。

DIAMOND ハーバード・ビジネス・レビュー編集部編 (2022),「特集　パーパス経営——綺麗事を並べるだけでは利益も成長も生み出せない——」『DIAMOND ハーバード・ビジネス・レビュー』2022 年 6 月号。

高田馨 (1957),『経営共同体の原理——ニックリッシュ経営学の研究——』森山書店。

高田馨 (1978),『経営目的論』千倉書房。

高田馨 (1987),『経営学の対象と方法』千倉書房

高橋公夫 (2021),『経営学史と現代』文眞堂。

中西寅雄 (1931),『経営経済学』日本評論社。

中西寅雄 (1936),『経営費用論』千倉書房。

長谷川直哉 (2021),『SDGs とパーパスで読み解く責任経営の系譜』文眞堂。

馬場克三 (1957),『個別資本と経営技術』有斐閣。

馬場克三編著 (1968),『経営学方法論——個別資本説の展開——』ミネルヴァ書房。

三戸公 (1959, 1968),『個別資本論序説』森山書店。

三戸公 (1966),『経営学講義』未来社。

三戸公 (1973),『官僚制——現代における論理と倫理——』未来社。

三戸公 (1979),『自由と必然』文眞堂。

村田晴夫 (2023),『文明と経営』文眞堂。

藻利重隆 (1956),『経営学の基礎』森山書店。

3　科学的管理は「資本主義的生産様式の　　あからさまな表現」か？

中　川　誠　士

Ⅰ．はじめに

　科学的管理が，「アメリカ資本主義の基本的要求に合致した管理法であった」（島 1963, 69 頁）ことは，疑いようがない。マルクスは，「出来高賃金は資本主義的生産様式にもっともふさわしい労働賃金の形態である」（Marx 1867, S. 580, 翻訳書，696 頁）と述べているが，その意味では，テイラーの最初の経営学的論文「出来高払制私案」（Taylor 1895）は資本主義的企業の要請に直接答えようとするものであったといえる。

　しかし，テイラーは，下院特別委員会での証言で，科学的管理の本質（essence）を説明するために，まず「科学的管理ではないもの」を列挙することから始めているが，そのなかで科学的管理を「新しい賃金支払法でもない。出来高払法でもない。」（Taylor 1912, pp. 26-27, 翻訳書，352 頁）と主張している。科学的管理と資本主義の関係を問おうとするならば，科学的管理の本質としてテイラーが主張した原理的な部分もまた，ブレイヴァマンが断言するような，「資本主義的生産様式のあからさまな表現」（Braverman 1974, p. 86, 翻訳書，95 頁）であるか否かが問われなければならない。

　また，科学的管理がソビエト連邦における社会主義建設にも貢献したという事実は，その基底にある考えが，資本主義からも社会主義からも直接引き出されてくるものではないかもしれないと考えてみることの必要性を示唆している（Grachev and Rakitsky 2013, pp. 512-527）。

Ⅱ．科学的管理を資本主義的企業の要求に応えるものとして捉える研究

　しかしながら，科学的管理の理論的特質と歴史的形成に関するこれまでの日本における研究は，それを多かれ少なかれ資本主義的企業の経営上の必要との関連において考察してきたといえる（中西 1931；笛木 1958；島 1963；中村 1963；馬場 1966；土屋 1966；向井 1970；佐々木 1970；奥林 1973）。

　欧米においても，科学的管理については膨大な研究が蓄積されてきたが，周知の様に，比較的近年においてそれへの関心を改めて喚起した研究が，ブレイヴァマンの『労働と独占資本』（1974 年）であり，その理論的影響は，現時点においてもデジタル・テイラリズムをめぐる議論において持続している。

　ブレイヴァマンは，科学的管理形成の歴史的基盤を，「19 世紀末の 20 ないし 30 年間の独占資本主義の生成期」に求める点では，日本の多くの研究者と一致しているが（Braverman 1974, pp. 251-252, 翻訳書，277-278 頁），ブレイヴァマンの研究をある意味画期的なものにしているのは，差別的出来高給制や時間研究等の制度や手法だけでなく，それらの基底にある原理をも「資本主義的生産様式のあからさまな表現にほかならない一つの理論」（Braverman 1974, p. 86, 翻訳書，95 頁）として捉え，いわば「骨の髄まで」資本主義的なものとして科学的管理を捉えようとしたことである。

　ブレイヴァマンが「テイラー自身の率直な定式化」に基づいて捉え直した三原理「労働者の技能からの労働過程の分離」「実行からの構想の分離」「知識に対する独占の，労働過程の各段階とその遂行様式の統制への適用」（Braverman 1974, pp. 112-121, 翻訳書，126-136 頁）が，依然として現代の労働過程にも貫徹しているという理解は，GAFAM のような最新の巨大企業が主人公となったプラットフォーム資本主義におけるデジタル・テイラリズムをめぐる議論に対しても影響を及ぼしている。

　プラットフォームとは，異なるユーザー集団の間を媒介し両者間の相互作用を可能にするデジタル・インフラストラクチャーであり，またその性質上

ネットワーク効果に依存するがゆえに「独占へ向かう傾向をもつ」（Srnicek 2017, pp. 42-48, 翻訳書, 54-60 頁）。コールたちは, プラットフォームを通じて, コンピュータの処理能力の幾何級数的な増大, ビッグデータの活用, 人工知能（AI）の進歩等によって特徴づけられる最新の技術が, 科学的管理の原理の適用範囲を拡大させる可能性を指摘する（Cole, Radice and Umney 2021, pp. 78-99）。

またブラウンたちは, 工場に労働力を集中させる必要があった20世紀までのテイラリズムをメカニカル・テイラリズムと呼ぶのに対して, プラットフォーム資本主義の時代のテイラリズムをデジタル・テイラリズムと呼ぶ。デジタル・テイラリズムは, 世界中に分散した工場, オフィス, サプライヤー, 管理者, および労働者のパフォーマンスを比較するための, 監視とリモート制御のための強力なツールを企業に提供しているという（Brown, Lauder and Ashton 2011, pp. 65-82）。さらにデジタル・テイラリズムにおいて特徴的なことは, ブレイヴァマンが,「科学的管理のかなめ」（Braverman 1974, p. 113, 翻訳書, 128 頁）と呼ぶ第二原理「実行からの構想の分離」が「主として頭脳で行われる労働」に対しても適用され, それがより構想的なものと, より実行的なものに細分化されることにより, 構想と実行の境界線を職業階層のさらに上に移動させることである。後述するように, これを副田満輝教授は「計画と執行の分離の原則の第二段」と呼んでいる（副田 1962, 2-3 頁）。

Ⅲ.「資本からの管理の分離」の原理と技師のイデオロギー

科学的管理に関する和洋の研究は, ざっとみてきた限りでは, 科学的管理を資本主義的企業の基本的要求に合致するものとして捉えている。現実に企業によって実践されあるいはそれに基づいて解釈された科学的管理がそのようなものであったことは否定のしようがない。しかし, それが著書や論文として発表されたときに, そのようなものとしてだけテイラーの中で構想されていたのか。そうではないかもしれないと考えてみる上でのヒントが, 副田満輝教授の研究によって与えられる。

　副田教授は,「テイラー・システムまたは科学的管理法の原理をわたし
は, 労働過程にかかわる計画と執行の分離, その意識的な系統的な, 強制的
な分離のなかにみる。……そしてこのことは, 資本による労働の実質的包
摂, 資本制生産のもとにおける労働疎外の仕上げでもある」(副田 1955, 1-2
頁) と述べられる一方で,「テイラー・システム……のいま一つの形成要因
として, 資本と管理 (経営) の分離 (資本からの管理の分離) を指摘するこ
とができる」(副田 1962, 3 頁) とも述べられる。この「資本からの管理の
分離」の原理は, テイラー自身によって必ずしも明確に述べられているわ
けではないが (Taylor 1903, p. 110, 翻訳書, 130 頁；Taylor 1911d, pp. 36-
37, 114-115, 130, 翻訳書, 250, 313, 325 頁),「計画と執行の分離」の第二段
つまり「管理における計画と執行の分離」と管理労働の 8 つの基本的専門
職能への細分割 (職能的職長制) に関するテイラーの叙述の検討から,「こ
のようなものとして解釈できる」(副田 1962, 15 頁；中川 1997) 原理とし
て副田教授によって導き出されたものである。それをテイラーが意図してい
たとすれば, それは, 所有と経営の分離に基づく「専門職としての経営者」
(professional manager) による経営者支配の, 主体的条件に関する潜在的
かつ萌芽的な意識として捉えられるかもしれない (Scott 1959, pp. 97-110)。

　また, テイラーの「資本からの管理の分離」の原理は, 科学的管理が登
場した革新主義時代の思潮との関連でいえば,「政治と行政の分離」(the
separation of politics from administration, the separation of administration
and politics), すなわち「統治の目的が政治と立法の領域に属するのに対し
て, 統治の手段は行政の領域に属し, 後者は不偏不党かつ科学的に扱われう
る」という考えと, 専門家主義 (プロフェッショナリズム) の追求という点
で同根であったと考えられる (Haber 1964, pp. 100-111, 翻訳書, 142-149
頁；Akin 1977, pp. 3-4)。

　さて, 副田教授の見解に, 以下のようなレイトン (Edwin T. Layton
Jr.) の見解を重ね合わせてみると, テイラー思想の理解に至る別の経路が
見えてくるのではないか。つまり, テイラーが著作の中に込めていた意図
を, 技師だけが発見し説明することができる法としての自然法則に基づい
て, 機械技師が資本と労働の間に介在し産業平和を実現するとともに, それ

以外の公共的役割をも担う専門職（profession）となることを目指す，プロフェッショナリズムにあったのではないか，と考えてみることである。

　「科学的管理は，技師のイデオロギーの一つの外延そして明文化として見られたときに最もよく理解される。この規定の中心にあるものは，広く行き渡る自然法則から構成される世界という観念である。技師は自らをこれらの法則の発見者であるとともに説明者でもあるとみなしていた。自然法則は，自律やその他の専門職に関わる価値を防衛するための秘儀的知識の土台を提供した。……テイラリズムは，少なくともその創始者の意図からすれば，技師の専門職に関する強い願望を夢想から具体的現実へと運ぶものであった」（Layton 1971, pp. 140-142）。

Ⅳ.　技師のプロフェッショナリズム実現の戦略としての　科学的管理

　それでは，テイラーにおけるプロフェッショナリズムに基づく「資本からの管理の分離」というような意図の存在を論証しようとすると，どのような論点が必要となるであろうか。以下の論点を，差し当たり設定することができるのではないかと考える。第1に，テイラーがプロフェッショナリズムを追求するための拠り所として期待した，アメリカ機械技師協会（the American Society of Mechanical Engineers，以下 ASME）をめぐる動向を検討することである（中川 2022, 1-35 頁）。第2に，テイラーの代表的著作の叙述の中に，それを求めることである（中川 1992, 149-188 頁, 1997, 148-164 頁）。第3に，テイラーの最後の代表的著作 *The Principles of the Scientific Management*（1911 年，以下，*PSM*）が出版される前後の時期から彼が死去（1915 年）するまでの期間における，テイラーの言動の中にそれを探ることである。第4に，知識人や専門職が中心となって，ギルデッド・エイジに露呈した様々の社会問題を解決していくことが求められた革新主義運動と科学的管理運動との関わりのなかにそれを求めることである（中川 1992, 189-229 頁）。小論においては，特に筆者がこれまでほとんど検討

できなかった第3の論点を中心に，第4の論点をも念頭に置きながら，考察したい。

1. 1910～1915年における科学的管理をめぐる諸相

　PSM は，最初 Philosophy of Management というタイトルで，1910年1月に ASME に提出された論文が元になっている（Taylor 1910a）。タイトルは1910年3月に PSM に変更されている（Taylor 1910b）。テイラーは，当初からこの論文を ASME の大会で報告し，ASME 会報に掲載されることを強く望んでいたが（Copley 1923, p. 378），結局，この論文は大会準備委員会によって約1年間にわたり事実上放置された挙句，その発表申請は却下された（中川 1992, 196-205頁）。しかしながら，以上の推移と並行して起こっていた東部鉄道運賃率事件において，荷主側の弁護士で「革新主義運動の著名な知的指導者」（Haber 1964, p. 75, 翻訳書，109頁）の一人であったブランダイス（Louis D. Brandeis）が，科学的管理を採用すれば，鉄道会社は1日に100万ドル節約できることを根拠に運賃値上げの不当性を州際通商委員会の公聴会（1910年8～12月）で主張し，1911年2月に増額申請の否決を導き荷主側に勝利をもたらす（Nadworny 1955, pp. 34-47, 翻訳書，55-76頁）。そして，この勝利は科学的管理に対する一般大衆の関心を一気に搔き立て，この論文が世に出る契機となる。このような関心を背景として，ジャーナリズムがテイラーに接近してきたからである。

　最初（1910年9月）に接近したのは高級誌 *the Atlantic Monthly* であった（Cooke 1910）。しかし，1910年12月に出版権を獲得したのは，「1903年，マックルアズ誌に『働く権利』を書いて資本家階級による労働組合の圧迫のかずかずを暴露し，次いで1906年には同誌に『試練に立つ鉄道』を書いて，鉄道事業の独占を描写」（三浦 1973, 195頁）した当時の代表的な muckraker の一人であった Ray Stannard Baker が編集者を務める，代表的な muckraking な大衆誌の一つ *the American Magazine* であった（Taylor 1910d）。こうして，「科学的管理法の原理」は，The Gospel of Efficiency と銘打たれた同誌の科学的管理特集号において，1911年3月～5月に3回に分けて連載されたのである（Taylor 1911a, 1911b, 1911c）。

　東部鉄道運賃率事件は，Scientific Management という名称を生み出し（1910 年 10 月）（Nadworny 1955, p. 35, 翻訳書，56 頁）その知名度を全国的に高める契機となったという点で，科学的管理運動史上重要な出来事であったが，それは潜在していた反対勢力を顕在化させた契機でもあった。

　一つは労働組合の反対運動であり，それは 1911 年 4 月 14 日の国際機械工組合（International Association of Machinists）による非難声明（Nadworny 1955, pp. 55-56, 翻訳書，86 頁）に端を発して，その後のウォータータウン兵器廠ストライキ（1911 年 8 月 11 日〜18 日），「テイラー・システムおよび，他の工場管理の制度を調査する議会特別委員会」の開催（1911 年 10 月 4 日〜1912 年 2 月 12 日），そこでのテイラーによる証言（1912 年 1 月 25 日〜31 日），科学的管理と労働を調査するためのホクシー委員会の設置（1914 年）と続く展開の中で，科学的管理運動が理論的対応を求められた問題であった。

　いま一つは，ASME 内部で主導権を握る電気・ガス等の民間公益事業会社や鉄道会社との関係の深い企業志向的技師が，科学的管理に対して反発を強めたことである（中川 2022, 26-28 頁）。この反発は，第 28 代 ASME 会長 Jesse M. Smith によって 1909 年の 1 年間テイラーが理事でありながら事実上理事会から締め出されていたこと（Layton Jr. 1971, pp. 155-156；中川 2022, 27 頁），公益への奉仕を企業利益への奉仕に優先させる行動原理に立つ本来的な意味でのプロフェッショナリズムを ASME においても確立するという観点からクック（Morris L. Cooke）が提案した煤煙軽減に関する全国会議の開催が 1909 年 5 月 28 日に理事会で否決されたこと（ASME 1909, p. 423；中川 2022, 28-33 頁），そして大会準備委員会による PSM 原稿の事実上の放置という形で，既に現れていたが，東部鉄道運賃率事件はそれを増幅したといえる。したがって，科学的管理のプロフェッショナリズムに関わるその後の理論的発表と運動は，その後も ASME 内においてテイラーの考えとは必ずしも一致しない要素（科学的管理の実践における労働組合との団体交渉の容認）を含みながらクックによってテイラーの死後も継続されたとはいえ，その主な舞台は 1911 年 11 月 4 日に創設された管理科学促進協会（the Society of the Promotion of Science of Management, 以下，SPSM。

テイラーの死後 1916 年にテイラー協会 Taylor Society に改称）に移される
ことになる（Nadworny 1955, pp. 45-47, 翻訳書, 69-72 頁）。スティーヴン
ス工科大学所蔵の Taylor Papers に収められる同協会の議事録から，そこで
の議論の特にプロフェッショナリズムに関わると思われる部分を，次にいく
つかみておきたい。

2．管理科学促進協会における議論

　1910 年 11 月 9 日に，the New York Athletic Club において開催され
た第 1 回会議では，ギルブレス（Frank B. Gilbreth），Wilfred Lewis
（Tabor Manufacturing Company），Conrad Lauer（Tabor Manufacturing
Company），クック，Robert T. Kent（*Industrial Engineering* の編集者）
が集まり，「科学的管理の大義を促進すること」，「政府部局の再組織化に
関して専門家として行動すること」，「協会の目的が管理に関わるものであ
る限り，協会は ASME の目的や考えと一致して行動すべきであること」
（クックからの提案），「協会の名称を The Society for the Advancement of
Scientific Management とすること」（ギルブレスの提案），「常設組織が発効
するまでは，Robert T. Kent を暫定事務局長とすること」等が，提案され
承認されている（Society for the Advancement of Scientific Management
1910）。
　1913 年 3 月 21 日に開催された会議では，「アメリカ産業を支配する金
融資本家の無能と無駄による損失と金権政治を廃し国家的能率（national
efficiency）を増進するために，技師を含む全ての生産的人間が経済的権
力とともに政治的権力をも握る」（Layton Jr. 1971, p. 146）ことを目指す
New Machine 運動（1916 年 12 月〜1919 年 11 月）を後に指導することとな
るガントの以下のような発言が注目される。

　　「ガント氏は，科学的管理に対する企業の財務上の目的についての態度
　を話題にし，原価計算係を進歩に対する最大で唯一の妨害物であるとし
　た。原価計算係の見地は誤っており，その判断は企業にとって特に価値を
　有しない規準の使用によって必ず歪められるからである」（SPSM 1913）。

1914年4月4日に開催された年次大会では，協会の専門職団体としての体制に関わる以下のような議論がなされている。

「彼（会長のH. S. Person）は，会員資格に関わる理想，目標，適格性についての従来よりももっと厳密な定義を求めるとともに，会員をもっと団結させ協会に堅固な土台を与える団体精神（esprit de corps）の確立の必要性について語った。この精神の発展は，会員に対する奉仕とともに公衆への奉仕を通じて最もよく獲得されうる。……

ディーマー教授（Hugo Diemer, Pennsylvania State College）は管理技師（management engineer）の指針として協会が倫理綱領（code of ethics）を採用することの適否について以下の意見を述べた。ペテン師や無資格者さえもがそのような綱領を作成してきたということが広く知られているので，理想はもたず自己利益だけを追求する者たちによって，不名誉と不信が運動にもたらされるべきではないならば，主要な技師団体によって採用されているものと同種の綱領が必要である」（SPSM 1914）。

1914年5月16日に開催された大会では，準会員（associate member）のWilliam Kent（Robert T. Kentとは兄弟）（SPSM 1915）が，「富（Wealth）」（Kent 1914）と題された講演を行っている。その講演録によれば，「怠業をやめれば，失業ではなく，最大繁栄がもたらされる」「能率を増大することにより国民全体の富を増大することが専門職としての技師の任務である」（Taylor 1911, pp. 19-26, 135-136, 翻訳書，229-242, 329-330頁）という *PSM* の中で展開されたテイラーの富についての考えが敷衍して語られており，これに対してテイラーはKentへの手紙の中で，「私がこれまで読んできた中で最も優れたものの一つであり，公刊されて多くの読者を得ることを心から願う」（Taylor 1914a）とこの講演録を賞賛しているが，そもそもこのような富についてのテイラーの考えは，実は先にKentが1901年に発表した「現代政治経済学の根本原理」と題された論文からむしろ影響を受けていたかもしれない。この論文の中でKentは以下のように述べている。

　「富は，それが人間労働によって生み出されたものであれ，農産物のような自然の恵みによるものであれ，金塊やダイヤモンドのような土中から掘り出されたものであれ，需要のある品物の市場価値の総額に存する。……この世の富のうちお金，工場，機械類から構成される部分は，それが労働者を雇うことにつながらないならば，無用の長物に過ぎない。……100万ドルのお金あるいは100万ドルの価値がある工場を獲得する者は，彼が間抜けでないならば，彼のお金を土中に埋めるのでないならば，あるいは工場を遊ばせておくのでないならば，彼が望むと望まざるとにかかわらず，必然的に社会に恩恵をもたらす者となる。というのは，彼が労働者を雇わないならば，彼はお金や工場を役立てることができないからである」（Kent 1901, pp. 384-385）。

　特に，1912年の議会証言でのテイラーによる以下のような発言には，Kentからの影響を感じさせるものがある。

　「諸氏も知るように，真の富は貨幣とはほとんど関係がない。貨幣は富の要素として，一番必要度の少ないものである。世界の富は二つの源からくる。一つは地の中から出てくるもの，一つは人によって生産されるものである。この富を世界にもたらし，世界がこれを用いれば，それでよいのである。……そうしてみると，工具でも，資本家でも，製造家でも，何人によらず，ある工業において，わざと出来高を制限するものは，社会民衆の富を奪うものである」（Taylor 1912, pp. 17-18，翻訳書，346-347頁）。

3．1909～1915年におけるテイラーの言説とプロフェッショナリズム

　最後に，以上述べたような科学的管理をめぐる1909～1915年の状況を念頭に置きながら，同期間のテイラー自身の言説の中に，プロフェッショナリズムの存在を裏づけると思われるものをいくつか探ってみたい。

　テイラーが1911年に執筆したが生前は発表されなかった論文「政府の能率」では，プロフェッショナリズムつまり「技師だけが発見し説明することができる法としての自然法則に基づいて，資本と労働の間に介在し産業平和

を実現するとともに，それ以外の公共的役割をも担う専門職（profession）
となることを目指す」展望の観点から具体的な提案として，「大統領は，完
全に信頼を置くことができ，しかも産業的能率の研究をライフワークとし
ているような人物を，顧問（advisor）として雇うべきであること」を述べ
ているが，原理的にこれよりも重要であるのは，「大統領は，政府の能率
（つまり administration）を票を獲得すること（つまり politics）の上のその
影響の及ばないところに（above and beyond）置くべきである」（Taylor
1916, pp. 7-13）と述べて，「政治と行政の分離」という革新主義期の政治思
想と一致する考えを示していることである（Merkle 1980, pp. 68-70）。

　テイラーは，*PSM* を発表してから歿するまでの間にそれについて数
多くの講演を行っているが，筆者が史料として確認できたものとして
は，1911 年 5 月 13 日にニューヨーク市の the Hotel Astor で開催された
the American Booksellers Association Annual Dinner において行われた
講演（Anonymous 1911a），1911 年 12 月 13 日にミネアポリス市の the
Hotel Radison で開催された the Publicity Club 主催の講演（Anonymous
1911b），1914 年 4 月 7 日にニューヨーク市の Grand Central Palace で開催
された the Efficiency Society 主催の講演（Taylor 1914b），死の二週間余前
の 1915 年 3 月 3 日にクリーヴランド市の Advertising Club で行われた講
演（Taylor 1915），が挙げられる。一番目の講演では，「話が長すぎる（Oh,
cut it out!)」という囁きが会場で聞かれ，聴衆を退屈させたことを新聞記事
は露骨に伝えているが（Anonymous 1911a），四番目の講演の速記録は，テ
イラーの話が拍手（applause）と笑（laughter）で何度も中断されたこと，
テイラーが「私の話に眠気を催されたことを同情しますが，感謝します」と
余裕をもって話を終えたことを伝えており，テイラーの講演者としての上
達ぶりが窺える（Taylor 1915）。四番目の講演における以下の部分は，プロ
フェッションとしての技師を企業が採用することの経済性を述べたものとし
て重要である。

　「それ（作業の科学を研究する大学出の者を雇うこと）には金がかか
る，工具室には金がかかる，労働者がどれくらいの量働くべきかを前日に

徹夜で計算する事務員を雇うには金がかかる，作業を計画する事務室には金がかかる。これらのことについて尋ねられるべき唯一の妥当な質問は，それがペイするかどうかである」（Taylor 1915）。

　上記以外の講演では，1914 年 10 月 12 日に，テイラーがフィラデルフィア市の YMCA で行った「管理の土台としての法対個人的意見」と題された講演は，プロフェッションとしての技師が社会において果たすべき役割の理論的根拠を最も直截に表明したものといえる。この講演の原稿については，拙著で全訳を試みているので詳しくはそれをご参照いただきたいが，その大要は以下の通りである。法には二つの種類がある。一つは，われわれの日常的な市民生活を律する法で，その制定と運用に関しては誰にでも発言資格のある法である。いま一つの法は，われわれの職業生活をますます律するようになってきている法，つまり自然法則であって，その制定と運用に関しては専門家しか発言資格のない法である。いずれにせよ，法による支配は，個人的意見による支配よりも進歩した状態である。企業は，第二の法（自然法則）によって運営されるべきである（Taylor 1914c；中川 1992, 231-256 頁）。

Ｖ．結びにかえて

　以上，科学的管理の本質を，資本主義的企業の要請するものとは別のところに求め，その在り処を，利他主義，非営利主義，中立主義，自律，自己規制という行動原理によって特徴づけられる知的プロフェッション（learned profession）（石村 1969, 25-68 頁）に匹敵する地位の獲得を志向する professionalism に求めようとしてきた。

　最後に，プロフェッションとしてのアイデンティティを吐露したと思われるものとして，テイラーのクックへの手紙における以下の一節を引用しておきたい。

　　「私にとって，発明というよりはむしろ研究は知的な気晴らしであり，そしてそれは労働というよりはむしろ素晴らしい遊びであり，そしてこの

ような私の性向に従うならば，この種のことに私の時間の大部分を費やしたいと切に願っている。しかしながら，誰もがこの種の研究を心ゆくまで行う権利を有しているわけではないことは，私も了解している。このことは，もちろん，他人のお金でそれをするときに特に当てはまるが，私の技師としての人生の全体を通して，企業の目的のために，そしてあまり面白くはないが毎日の管理と節約にとっては重要な目的のために，あまりにも多くの時間を捧げないようにするべく，企業の中で仕事中も私の良心を保たなければならなかった」（Taylor 1910c）。

参考文献

Akin, W. E. (1977), *Technocracy and the American Dream: The Technocrat Movement, 1900-1941*, Berkeley and Los Angels, CA: University of California Press.

Anonymous (1911a), "Ah! These Merry Booksellers!" *The World*, May 14, Taylor Papers, File 20G.

Anonymous (1911b), "Salient Points in Mr. Taylor's Address," *The Minneapolis Morning Tribune*, December 13, Taylor Papers, File 25G.

ASME (1909), "Society Affairs, Report of the Meeting Committee," *Transactions of the American Society of Mechanical Engineers* (以下，Transactions of the ASME), Vol. 31.

Braverman, H. (1974), *Labor and Monopoly Capital: The Degradation of Work in the Twentieth Century*, New York, NY: Monthly Review Press.（富沢賢治訳『労働と独占資本——20世紀における労働の衰退——』岩波書店，1978年。）

Brown, P., Lauder, H. and Ashton, D. (2011), *The Global Auction: The Broken Promises of Education, Jobs and Incomes*, New York, NY: Oxford University Press.

Cole, M., Radice, H. and Umney, C. (2021), "The Political Economy of Datafication and Work: A New Digital Taylorism?" *Socialist Register*, Vol. 57.

Cooke, M. L. (1910), M. L. Cooke to F. W. Taylor, September 15, Taylor Papers, Special Collections, Samuel C. Williams Library, Stevens Institute of Technology, Hoboken, N.J.（以下，Taylor Papers), File 115B.

Copley, F. B. (1923), *Frederick W. Taylor, Father of Scientific Management, Volume II*, New York, NY: Harper & Brothers, Publishers.

Grachev, M. and Rakitsky, B. (2013), "Historic Horizons of Frederick Taylor's Scientific Management," *Journal of Management History*, Vol. 19, No. 4.

Haber, S. (1964), *Efficiency and Uplift: Scientific Management in the Progressive Era 1880-1920*, Chicago, Ill: The University of Chicago Press.（小林康助・今川仁視訳『科学的管理の生成と発展』広文社，1983年。）

Kent, W. (1901), "Some Fundamental Principles of Modern Political Economy," *Stevens Indicator*, Vol. 18, No. 4, October.

Kent, W. (1914), "Wealth, A paper read by William Kent at the Boston Meeting of the Society to Promote the Science of Management (以下，SPSM), May 16 1914, Confidential and not for Publication," Taylor Papers, File 6L.

Layton, E. T., Jr. (1971), *The Revolt of the Engineers: Social Responsibility and the American*

Engineering Profession, Cleveland, OH: The Press of Case Western Reserve University.

Marx, K. (1867), *Das Kapital, Kritik der politischen Ökonomie, Erster Band*, Dietz Verlag Berlin, 1977.（向坂逸郎訳『資本論　第1巻』岩波書店，1967年。）

Merkle, J. A. (1980), *Management and Ideology: The Legacy of the International Scientific Management Movement*, Berkeley and Los Angels, CA: University of California Press.

Nadworny, M. J. (1955), *Scientific Management and the Unions, 1900-1932: A Historical Analysis*, Cambridge, MA: Harvard University Press.（小林康助訳『新版　科学的管理と労働組合』広文社，1977年。）

Scott, W. G. (1959), "The Early Record of a Modern Administrative Dilemma," *Academy of Management Journal*, Vol. 2, No. 2.

Society for the Advancement of Scientific Management (1910), "Minutes of the First Meeting of the Society for the Advancement of Scientific Management," November 9, Taylor Papers, File 6L.

SPSM (1913), "Minutes of the Meeting of the SPSM, held at Keen's Chop House, New York," March 21, Taylor Papers, File 6L.

SPSM (1914), "Meeting of the SPSM, held at the Hotel Woodstock, New York," April 4, Taylor Papers, File 6L.

SPSM (1915), "Membership, The SPSM," May 11, Taylor Papers, File 130.

Srnicek, N. (2017), *Platform Capitalism*, Malden, MA: Polity Press.（大橋完太郎・居村匠訳『プラットフォーム資本主義』人文書院，2022年。）

Taylor, F. W. (1895), "A Piece-Rate System," *Transactions of the ASME*, Vol. 16.（上野陽一訳『科学的管理法』産業能率大学出版部，1969年。）

Taylor, F. W. (1903), *Shop Management*, Reprinted in *Scientific Management*, New York, NY: Harper & Brothers Publishers, 1947.（上野陽一訳『科学的管理法』産業能率大学出版部，1969年。）

Taylor, F. W. (1910a), F. W. Taylor to M. L. Cooke, January 7, File 115A.

Taylor, F. W. (1910b), Taylor to Cooke, March 29, Taylor Papers, File 115A.

Taylor, F. W. (1910c), Taylor to Cooke, December 2, Taylor Papers, File 115B.

Taylor, F. W. (1910d), Taylor to Cooke, December 10, Taylor Papers, File 115B.

Taylor, F. W. (1911a), "The Principles of Scientific Management," *The American Magazine*, Vol. 71, No. 5, March.

Taylor, F. W. (1911b), "II. The Principles of Scientific Management," *The American Magazine*, Vol. 71, No. 6, April.

Taylor, F. W. (1911c), "III. The Principles of Scientific Management," *The American Magazine*, Vol. 72, No. 1, May.

Taylor, F. W. (1911d), *The Principles of Scientific Management*, Reprinted in *Scientific Management*, New York, NY: Harper & Brothers Publishers, 1947.（上野陽一訳『科学的管理法』産業能率大学出版部，1969年。）

Taylor, F. W. (1912), *Testimony Before the Special House Committee to Investigate the Taylor and Other Systems of Management*, Reprinted in Frederick Winslow Taylor, *Scientific Management*, New York, NY: Harper and Brothers, 1947.（上野陽一訳『科学的管理法』産業能率大学出版部，1969年。）

Taylor, F. W. (1914a), Taylor to W. Kent, June 22, Taylor Papers, File 6L.

Taylor, F. W. (1914b), "Scientific Management," *The Journal of the Efficiency Society*, Vol. 3,

No. 8, September 1914. Grand Central Palace, New York City, April 7, 1914, Taylor Papers, File 79F.

Taylor, F. W. (1914c), "Lecture delivered before Y.M.C.A. of Philadelphia, Oct. 12th, 1914, LAWS VS. PRIVATE OPINION AS A BASIS OF MANAGEMENT", Taylor Papers, no file number.

Taylor, F. W. (1915), "The Cleveland Advertising Club, Hotel Statler, March 3, 1915, 6:51 p.m., The Principles of Scientific Management, Address by Dr. F. W. Taylor," Taylor Papers, File 79A.

Taylor, F. W. (1916), "Government Efficiency," *Bulletin of the Taylor Society*, Vol. II, No. 4, November.

石村善助 (1969)，『現代のプロフェッション』至誠堂。

奥林康司 (1973)，『人事管理論——アメリカにおける 1920 年代の企業労務の研究——』千倉書房。

佐々木恒男 (1970)，「テイラー管理学説の研究（四）——科学的管理法の基本課題とその本質——」『千葉商大論叢』第 13 号－B（商経篇）。

島弘 (1963)，『科学的管理法の研究』有斐閣。

副田満輝 (1955)，「テイラー・システムの原理」『経済學研究』第 21 巻第 1 号。

副田満輝 (1962)，「テイラー・システムの原理——職能化原理について——」『経済學研究』第 28 巻第 1 号。

土屋守章 (1966)，「米国経営管理論の生成 (1)」『経済学論集』第 31 巻第 4 号。

中川誠士 (1992)，『テイラー主義生成史論』森山書店。

中川誠士 (1997)，「F・W・テイラーの管理思想——ハーバード経営大学院における講義を中心として——」経営学史学会編『アメリカ経営学の潮流（経営学史学会年報 第 4 輯）』文眞堂。

中川誠士 (2012)，「序章 テイラーの生涯と業績」経営学史学会監修／中川誠士編著『テイラー（経営学史叢書 第 I 巻）』文眞堂。

中川誠士 (2022)，「大量生産体制期の企業と社会——技師の社会的責任の自覚と経営学の生成——」経営学史学会監修／渡辺敏雄編著『社会の中の企業（経営学史叢書第 II 期 第 6 巻 社会性）』文眞堂。

中西寅雄 (1931)，『経営経済学』日本評論社。

中村瑞穂 (1963)，「『管理科学促進協会』（『テイラー協会』）の成立（上）——科学的管理運動史研究 (1) ——」『武蔵大学論集』第 11 巻第 5 号。

馬場克三 (1966)，『経営経済学』税務経理協会。

廣瀬幹好 (2019)，『フレデリック・テイラーとマネジメント思想』関西大学出版部。

笛木正治 (1958)，『科学的管理』日本経済新聞社。

三浦進 (1973)，「マックレーカーズと革新主義」関西アメリカ史研究会編著『アメリカ革新主義史論』小川出版。

三戸公 (2000)，『科学的管理の未来——マルクス、ウェーバーを超えて——』未来社。

向井武文 (1970)，『科学的管理の基本問題』森山書店。

4 「経営（者育成）教育」学派を確立する意義
——"8番目の課題性"「育成（指導）性」の可否——

辻 村 宏 和

I.〈統一論題とのリンケージ〉

統一論題「資本主義のゆくえと経営のあり方」は「経営学のあり方」とは
なっていないが本報告では「『経営のあり方』ひいては『経営学のあり方』」
と捉え，"8番目の課題性：育成（指導）性"（『経営学史叢書第Ⅱ期』（全7
巻）における7つの課題性より）の可否を，報告者の研究を紹介する形で論
じてみたい。

1. 研究目的の確認：「もし経営者育成論があるとすれば，どうやって？」
自説の補強，深耕に機会あるごとに努めてきている（参考文献を参照され
たい）。
(1) 研究目的
「本研究目的：経営学が求め得る実践性（≒）経営（者育成）教育論（学）
の構築」，これは不動である。それは「経営学教育」及び（山城 1960）の進
化系のつもりである。
(2) 研究スコープ
上記研究目的内の「経営学が求め得る」は「経営学が求めるべき」ではな
いという点で本研究スコープの限定を図り，経営学それ自体の目的論は回避
している。そして"経営学が背負った十字架"たる経営学の実践性を経営者
育成に求める。それはオールタナティヴを模索した結果辿り着いた命題「経
営者育成（≒）問題解決者の育成（≒）間接的問題解決」を仮設的に措定す
るからで，経営学の実践性はこれしかないのではないかとすら考えてもい

る。

　本研究のドライビングフォースとなったのは，山城の「経営学における実践の当面のねらいを（問題解決力にではなく）professional manager の形成に置いた」（山城 1965, 40 頁抜粋要約）という指摘を発見したことで，山城の「経営学＝経営教育（それ自体）」という未完の（結果として"書き逃げ"的となってしまった）「学と教育実践・同一次元」説の謎が氷解しつつある。経営者が有する経営手腕（Managerial Art：以下 MA）が生得でないとしたら MA をどう習得するのか。果たして Barnard が言うように「全体を感得し得るのは少数の天才的経営者」（Barnard 1938, pp. 238-239, 翻訳書, 249 頁抜粋要約）[1]に限られるのか。

2．若干プロテストのこもった研究背景

(1)　先行研究のトレースと通説

　そして本研究の価値妥当性は，主に経営教育研究の本家たる（だった）日本マネジメント学会（旧・日本経営教育学会）ジャーナル『経営教育研究』誌などにおける先行研究トレースからわかる。

　国内・外の経営教育（学）のレギュラー文献と言えば管見にして，例えば近年の主要なものは村本（1982），坂井（1996），Barnes, Christensen and Hansen（1994），Ellet（2007），高木・竹内（2010），高木・市村（2016）等が挙げられる。それらに通底しているのは「いきなりの経営教育（実践）」感を覚えることで，既存の経営学（理論）との関係性に関するロジック（仮説）を欠く。また著名な齊藤毅憲『現代日本の大学と経営学教育』（成文堂，1981 年）は，「経営学教育」（≠経営教育学）となっているにもかかわらず「経営学と経営者，ビジネスパーソン等」のロジカルな職業的対応論が不明のままである。その「経営学教育」路線の研究として直近では（中原 2022）が挙げられる。また，「山城経営学」礼賛傾向の経営教育（啓蒙）論として河野（2016），小椋（2008），増田（2009）が挙げられるが，それらの所説に対しては既に批判的考察を施した（辻村 2017）。

　更に，経営教育学の学的体系化の必要性は，下記の通説がトリガーともなっている。それは既存の経営学の学史的評価に関するもので，わが国で最

も深い議論を展開する本学会でしばしば耳目にする言明，言説を取り上げたい。その言説の一例は，経営学史学会第25回全国大会（2017年5月25〜27日，青森中央学院大学）統一論題「経営学史研究の挑戦」の趣意文に集約されている。「①経営学はその成立以来，現実世界の経営が直面する課題に応えるという実践理論科学の性格を強く持っている（中略）。②経営学は（中略）諸課題を解決し，実践に資する提言を示していることは確かである。③しかし，理論ないし学問と実践との間には懸隔が生じやすいのは否定しがたい」（傍点及び番号は引用者）（『経営學史学会通信』第23号，2016年10月，9頁抜粋）とある。

　われわれが突っ込みたいのは，①②と強弁し得る論拠が見当たらないことだ。しかも，②と③は論理的不整合とならないか。経営学の実践性を当為とするのは良しとして，問題なのは「当為でありながら既にして結論となっている」ことである。追記しておきたいことは，同学会における「経営学の実践性」の標榜は，「…考えてみれば経営学の歴史とは，ある面から見れば，『時代の問題』に対していかに取り組んできたか，という『問題解決』の歴史であったとも言える」（傍点は引用者）（「第29回全国大会基本計画：2.統一論題趣意説明」経営学史学会編『経営學史学会通信』第27号，2020年10月，9頁）とあるように現在進行形にあることだ。

　(2)　直視すべき反証コレクション

　学説のダイナミクスは反証によるダイナミズムに拠る。主要なものを精選列記する（順不同）。

①　「経営系学部出身の名経営者は希少である」
②　「未だ女性経営者が少ない」
③　「『経営学者から名経営者』パスは想定しにくい」
④　「経営学者による社外重役就任は希少である[2]」
⑤　「経営学部を有する大学経営は良好，などとは言えない」
⑥　「国内ビジネススクールの半数以上が定員割れである可能性がある」
　　（金 2021, 113-114頁抜粋要約）
⑦　「経営者の座右の書は経営学書ではない，"司馬遼（司馬遼太郎）がダントツ"である」

⑧ 「乱立した経営系学会の存続が厳しい」

それらはデジタルデータ・コレクションを試みていないが，いずれも定量的確認が可能であることは容易に想像がつく。⑤⑥⑧などは“珍現象”ではないのか。

(3) リサーチ・クエッション（RQ）：「経営学（理論）→経営（実践）」不連続命題（指摘に止める）

Ⅱ．背理法と仮説演繹法のブレンドによる中心的仮説の有意性

1．推論：中心的仮設の定立

推論の第一歩は，諸反証を合理的かつ整合的に説明し得る中心的仮設の要となる，中心的概念“Factor X”（未知数）の発見である。Factor X の存在証明する手法はまさに背理法すなわち“If not”方式で，“切り口が新鮮”であるのが魅力だ。中心的仮設は，Barnard が主著で「本書の中心的仮説（the central hypothesis of this book）の対象を研究目的『経営者の役割』にではなく『組織』に定めた」（Barnard, *op.cit.*, p. 73，翻訳書，76 頁抜粋要約）ように，研究目的「経営（者育成）教育論」を「推論→論証→拡充」するのに有効なものでなければならない。

本研究では，命題「経営（⊐）実践の下位概念で，その本質的属性はトータルシステム・オプティマム（全体最適）を目指した経営者の苦悩に満ちた総合的個別行為」（⊐は論理記号における本質的属性マークで，以下同様）を中心的仮設として定立し，「経営：Management：M，総合的個別行為：Synthesized Individual Act：SIA」という訳語関係から「M（⊐）SIA」とも表記する。そしてこの中心的仮設から演繹されるのは，経営が「“オールファクターズ（⊂ SIA）・マッチング”による“オンリーワン（⊂ SIA）・アクト”」（SIA に付した傍点は関連の強さ）だという命題である。それはBarnard の「1 要因の変化だけでも一変する全体情況」（*Ibid.*, pp. 23-24，翻訳書，24-25 頁抜粋要約）概念である。

中心的仮設は反証ケース・ウォッチング，リサーチ・ケース（通常のケース・スタディのケース）やティーチング・ケース（ケース・メソッドで用い

られるケース），はたまた経営小説等を収集し，それらを基に推論，導出されたものである。「概念的・理解」ではなく「概念化」することが肝要である。新概念によって反証が例外的少数事象ではなくなり認識対象化，研究主題化されるのである。容易なことではないが，スポーツ界の最近の人工言語 “イップス Yips” 概念同様，概念創造（≠概念革新）を目指したいところである。非合理的行動をも包摂する経営者の主体的行為の主観的意味・意図を解意するのである。経営者の非合理的レトリックの多い証言を積重ね，難題に翻弄された経営者の主体的意図を読み取るのである。批判の声を恐れずに言えば「失敗経営者＝愚者」認識，いわゆる “善玉 vs. 悪玉” 構図の認識では何も学べない。

2．論証：反証解消と中心的仮説への昇華（割愛）

3．中心的仮説の体系的拡充による有効性担保

　ここでは，定立された中心的仮説を敷衍し（“中心的仮説スパイス” の効いた）下位仮説群の展開を図る。公理的体系化を，社会科学としては制約があるものの可能な限り試みるというわけである。それに成功すれば中心的仮説の有効性が担保され定説へと漸近する。それは Barnard が「主著の目的は数年間構想していた仮説の整理である」（Barnard, *op.cit.*, Preface vii，翻訳書，序文 37 頁抜粋要約）と，また「『組織の定義＝主著の中心的仮説』を採用することによって一般原則に到達し得る」（*Ibid.*, p. 74，翻訳書，76 頁抜粋要約）としたのと同じ研究作業である。

【中心的仮説の体系的拡充】

〔1〕「SIA たる経営はそもそも “領域横断” 型行為である」：

　　経営学が実践性を標榜するのであればこの時点で “Beyond（超）経営学” でなければならない。

　　改めて，Barnard の①「非経済的動機が経営組織の上から下まで基本的である」（Barnard, *op.cit.*, Preface xi，翻訳書，序文 41 頁抜粋要約）②「純粋に経済的なケースは骨折って探さねばならない」（*Ibid.*, 239fn.,

p. 4，翻訳書，249 頁，注 4 抜粋要約）の両命題は達観と言う他ない。企業の撤退戦略とて純粋に経済的なケースでは全くなく[3]に，よって，「経営教育学が経営学を包含する」という逆転の概念関係命題すらも仮説として有意ではないか，要検討。

〔2〕「SIA たる経営はその行為に①標準偏差値が大きく，②非再現性を有する」

〔3〕「SIA たる経営では，一般理論による問題解決などあり得ない」：

「科学的管理法」はあっても「科学的経営法」などないと理解すべきである。その点，経営診断学会碩学の三上が早くから「経営診断学の原則に『個別性・特殊性・歴史性の原則』が包摂される」（三上 1976, 102 頁抜粋要約）としたことは正鵠を射ていた。「経営の一般原則はそのままの形で経営診断には絶対に使用不可なのである」（同上書，60 頁抜粋要約[4]）に。

〔4〕「SIA たる経営の問題解決は，経営者の"持論"（≠経営学）に拠るところ大である」

〔5〕「SIA たる経営は，経営手腕（Managerial Art：MA…以下 MA）の存在を示唆する」

（〔5〕に続く多数の諸命題は体系化の吟味途上故に，以下〔n⁻¹〕〔n〕の n は暫定的最終の意）

〔n⁻¹〕「SIA 概念は経営学研究における RQ に，①経済学的経営学②領域科学的経営学③クリニカル・アプローチの経営学との差別化を示唆する[5]」

〔n〕「（結実した暫定仮説）経営（者育成）教育学体系 = f (MA)」

中心的仮説の演繹による体系的拡充は未完ながらも以上であるが，更に同中心的仮説によって以下の経営学方法論に関わる副次的推論（証）〔補遺 1・2・3〕を享受し得る。

〔補遺 1：中心的仮説の更なる拡充に不可欠なアイディア〕

不可欠なアイディアというのは竹内毅『経営と西田哲学——事実より真実を求める経営学——』（文眞堂，2009 年）から享受されるアイディア（表 1）のことで，Barnard 理論に肉迫する比類なき論究だと捉えている。

表1

① 「実践は絶対に対象化できないものであり，表現されたものはすでに実践ではない」（竹内 2009, i 頁抜粋要約，以下引用頁のみ）
② 「経営の意思決定主体は自分（≠経営者一般 … 引用者敷衍）である…」（iv 抜粋要約）
③ 「経営の内側から自覚として見る観点（≒イーミックな視点…引用者敷衍）が付加されなければ机上の空論である」（v 抜粋要約）
④ 「…経営（実践）は対象ではなく自分である」（11 抜粋要約）
⑤ 「経営について考える際には，考える主観も考える対象の中にいる…」（24 抜粋要約）

　以上まさに白眉の諸命題であるが，1 点誤解してならないのは，かく言う竹内の研究（竹内，翻訳書）それ自体は 3 人称スタンスの研究成果であって，そこで「表現されたものは実践ではない」（同上書，2009, i・11 頁抜粋要約）ことである。そのことからわれわれは"1 人称経営学"を目指すつもりで既に，既述の「トラブル（苦悩）・ディメンションズ」（辻村 2001, 245-249 頁）を展開した次第である。

〔補遺 2：中心的仮説が導く実証研究に対するスタンス〕（指摘に止める）

〔補遺 3：中心的仮説が導く臨床的（クリニカル）RQ に対するスタンス〕
　俎上に載せたいのは，一見リガー（rigor）な「理論適用型研究」である。社会人大学院などで多く見受けられる PBL（Project-Based Learning：課題解決型学習）等に散見するに，チェックポイントを以下①～⑤に示す（表2）。

表2

① 「ツールを選択した妥当性（他のツールに対する比較優位性）について説明責任」が発生することを看過してはならない。
② 問題解決に用いたツールのクイック・マスター（模倣）が容易となるのはいいが，反面戦略となりにくいはずで留意すべきである。
③ 「同一業界・同一サイズの企業間」では，SWOT 分析などのツールを用いてもカンパニー・スペシフィックな戦略を導出しにくいはずである。
④ 人間の「適用理論に対する反作用的な選好の変換」も軽視してはならない。ツールを上司と部下の双方が知ってしまったとしたら操縦性の暴露につながりかねない。
⑤ 経営者要因に非言及となりやすいことで，KFS（Key Factor for Success）にアンタッチャブルゾーン，すなわち「社長交代という解決策」は提言しづらいのである。

　以上のことは，経営コンサルタント自身による「コンサル効果は『負け戦

を勝ちにする』など無理で，せいぜい『負け戦をドローにする』『ドローを
やや勝ちにする』『勝ちを大勝ちにする』といったところ」（中村 2015, 239
頁抜粋要約）とする言明が傍証となる。少なくとも，「『儲けるにはどうし
たらいいか』などという RQ など学術研究では無効だと教えられる経営学
（者）」でありたい。それがわかったら経営学者（大学教員）などにはなって
いないし，そもそもそれを他人に教えることなどはしない。正に「普遍とは
真逆の原則」が働く。

　閑話休題。本研究は引き続き，次は「自然言語たる経営手腕（MA）の概
念規定」へと進むことになる。経営教育学の学的体系の構築は MA とシン
クロ関係にある。

Ⅲ．MA 概念規定

　本研究では虚心坦懐に，「表象のパッチワーク→概念の外延及び内包の規
定→本質的属性の探究」という学術的には至極当然のステップ（表3）を刻
む。

表3

⑴　MA 表象のパッチワーク
　①　逆照射（ほんの一例をランダム列挙，②③も同様）
　　Ex.（≠）「行動科学者や MBA ホルダーが有する能力」
　②　直喩・隠喩
　　Ex.（≒）「人使い上手」
　　（≒）「社内に味方がいるかどうか」（Burg 2013, 翻訳書 2014）
　　（≒）「捌（さば）く，なんとかする，いい加減さ，セットアップ，巻き込む」
　　（≒）「（非論理的レトリックの多い）"ジャーゴン・ワールド"（≒）Barnard『経営者同士の
　　　　わずかな言葉』（*Ibid.*, Preface vii, 翻訳書，序 37 頁抜粋要約）が飛び交う時空間」
　③　直示的定義（紙幅の関係で省略）
⑵　MA 概念の外延（⊇記号にて表示）（紙幅の関係で省略）
⑶　MA 概念の内包
　　類似概念との包摂的関係化ができればより望ましい。本研究では MA（経営手腕）概念を「経営
手腕＝管理×非管理：MA＝MC×N-MC（と表示）」と内包規定し，MA 概念を SIA 概念に続く
中心的第2概念として位置づけている。ターミノロジーとして，「MC（管理）」は管理過程学派の
Management-Process 概念に内包される「Management-Cycle」を指し，「組織（Organization：
O）と計数（Accounting：A）を用いた計画（Planning：P）＆統制活動（Seeing：S）：P（O&A）
S（と表示）」とシンプルに措定する（後述）。右辺に乗算記号（×）を用いたのは「統合体（一方
を欠くと不成立）」マークの意図からである。

さて本研究では類似概念「経営：Management：M」を先ず「M（経営）＝ MC（管理）を本質とする目的的活動：『M＝MC＋α，（つ）MC』（と表示）」（右辺は加算記号＋を用いるがゆえにαがゼロでも成立，つは本質表示記号）と措定し，経営には非管理的な別の力学が作用ことを示唆させる。「M＝MC＋α，（つ）MC」が有効なのは先ず，諸類似概念の相対的概念関係化に不可欠な「原初概念」の措定にある。「M＝MC＋α，（つ）MC」は，類似概念との相対的関係化に当たって，「『経営（≒）管理』ではあるが『経営＝管理』ではない。それは，巷間膾炙の「A 社の問題は管理以前の問題だ！」「A 社を再建（管理）できるのは○○氏を措いていない！」といった語法によっても支持され得る。MC 概念の基になっている管理過程学派の「管理過程」概念は伝統学派にカテゴライズされるが，原初概念としての有効性は失効していない。

更に「原初概念」措定にも増して重要な点は「残余概念」の活用で，「M＝MC＋N-MC，（つ）MC」と上記αを「Non-MC（MC 以外の全て，の意）：N-MC（と表記）」に変換することである。ことターゲット概念 MA において αの規定は好ましくない。αを規定すれば「MC＋α」以外の，つまり「Non-(MC＋α)」エリアの発生が必定だからである。結局 MA 概念探究がαの再規定，再々規定と延々と続き，"タマネギの皮むき"状態と化す。そこでαに代わって「残余概念 N-MC」を用いれば，確実に MC と N-MC とは完全包摂的な概念関係化される。残余概念 N-MC は無限的多様性を有する SIA 概念と符合し，「非公式組織」「非物的誘因」（Barnard 1938），「非定型的意思決定」（March and Simon 1958）等の諸概念とねらいを一にしていよう。

　概念規定最後の作業が MA の本質（essence）的属性（表 3 の(3)に続く(4)の位置づけとなる），つまり「MA のリアルをホリスティックにどう捉えるのか？」という哲学的思索（コミットメント）が要求される。Barnard の「協働（つ）目に見えるものが目に見えないものによって動かされる」（Barnard 1938, p. 284, 翻訳書，297 頁抜粋要約）なる命題などは，MA の本質的属性の究極である（表 4）。オポチュニスティックに用いられることの多い「統合」や「調整」なる語の使用はなるべく避けたい。

表 4　MA の本質的属性

〔1〕「『MA（つ）MC 有効化アート』で，言わば MA はシステム化・行為である」
〔2〕「MA（つ）（MC 構成要素の O の）職務（権限）体系集団の協働体系化行為」：
　　　「P（O & A）S」の構成要素 O は「職務（権限）体系集団」と措定し，またその O に，学界で未だに解明途上の顧客をも Organization に含める Barnard の外延拡大の組織概念（Barnard 1938, p. 75, 翻訳書，1968, 78 頁）を起用することは無論できない。Barnard の組織概念は「"敵は内部"仮説」（後述）が失効してしまいヒューリスティックではない，と考えるからである。「協働体系化」については，Barnard が「Organization 短命説」（Barnard 1938, pp. 5-6, 翻訳書 1968, 5 頁抜粋要約）を唱えているように，協働体系の定常性が低くしかもそれは主に組織の内生的変化によるところが大きいからと考える。組織には「面従腹背メンバー」が多いということで，ちなみに内部の敵の外延には経営者自身も入る。「バカな大将，敵より怖い」（佐藤 1990 の書名）のである。
（紙幅の関係で一部割愛，よって以下〔n〕番目とする）
〔n〕「（現時点で結実した暫定仮説）：
　　　MA（つ）『対人関係（Interpersonal Relations：IPR)』をダイナミズムとした『情報収集→

決断→説得」（以上 N-MC）と MC とのスパイラル・ダイナミクス」（と MA 概念の分節化）：
「MA（⊃）N-MC（⊃）IPR」（と表記）
〔n+1〕「MA（⊃）事後的判定能力（辻村 2001）」
〔n+2〕「MA（⊃）①非類型性②非公開性③無自覚性④非検証性」：
　　　Roethlisberger は「人間関係技能の実践（≒ MA…引用者）ついては不快な感情を引き起こす。というのは人間操縦を自覚的なものとするからである」（Roethlisberger 1949, 翻訳書, 1996, 167-168 頁抜粋要約）と言ったように，MA は実践家にとっての「自己言及」で時として公表されては不利益となるようなマターに言及することでもある。
〔n+3〕「MA（⊃）トップマネジメント組織（TMO と表記）における経営者の『主客同一性』」：
　　　この命題もすこぶるヒューリスティックで，経営者にとって TMO は「経営者の対象組織つまり TMO への一員化」であることが最重要である。つまり「経営者は自らが一員となっている組織に働きかける」という，経営者の主客同一化情況となる。この問題は役員人事や社長交代，（それに伴う）社長選任事象にて具現化する。

Ⅳ．結：経営（者育成）教育学への誘い

　本研究が緒に就いた 90 年代初頭では散漫なコンセプト及び仮説しか示せなかったが，今では「①経営教育の目的：経営者の育成，②経営教育の目標：インストラクターによる誘導の下での持論構築，③経営教育学の目的：持論構築の誘導をし得るインストラクターの育成」と断ずることができる。かいつまんで言えば経営教育学は「『経営教育（実践）のためのスペックアップ』のためのメタ理論」ということで，「MA 習得を導くためのトレーナー育成の方法論」である。究極，「"（理論を）教えることはしない"ということを教える」ことで，「『自ら学ぶこと』を学ぶ」に対して「『自ら学ぶこと』を教える」という受講者とインストラクターの関係を築くこととなる。

　その意味で本研究は，「経営学者の自己啓発それ自体が経営教育である」（増田 2009, 抜粋要約…要するに "研究のプロ・アマ境界撤廃" 説）とする増田による「山城章の経営教育説」の解題に対してわれわれは，「しからば（対受講者において）経営学者（われわれ）は一体何する人ぞ？」なる疑問が付きまとうことを強調し続けてきた。「受講者の自己啓発を可能とする経営教育を実践する経営学者」とした方が明快である。

　異論百出は承知の上での本研究であるが，時を経て異端から正統へと昇華することを自身の経営学研究のメルクマールとしている。経営教育学体系が

未完ながらも今よりもう少し高みに進化していたのであれば，経営学史学会監修『経営学史叢書第Ⅱ期』（全7巻）（文眞堂，2021, 2022, 2023年）における「7つの課題性：『原理性』『生産性』『人間性』『合理性』『社会性』『戦略性』『創造性』」に続く8番目の課題性として，例えば「育成（指導）性」などが加わったのではあるまいか，その道険しである。最後に，研究目的の到達点を表5に示す。拙著，拙稿を参照されたい。

表5　経営（者育成）教育学の仮設的体系

第1要件：実存MAへのエンドレスな概念的接近
第2要件：『疑似体験トレーニング（⊃）ケース・メソッド』による経営教育（実践）の根幹
　　第1項：「問題学習トレーニング」の比較優位性
　　第2項：インストラクティング・スキル
　　第3項：推奨ケース（⊃）①仮装（disguised）②失敗トレース③ストーリー化④1人称
第3要件：MA（経営手腕）習得の証し
　　第1項：「MA習得の証し①：持論構築」仮説
　　第2項：「MA習得の証し②：良質なケース開発」仮説

〔付記〕統一論題報告の際には，代表討論者の三井泉教授（園田学園女子大学），上林憲雄教授（神戸大学），藤井一弘教授（青森公立大学），勝部伸夫教授（専修大学）から貴重なコメントを賜り，記して感謝申し上げる次第である。

注

1）Barnardは「経営教育ノウハウはわからない」（Wolf 1972, 翻訳書，28頁抜粋要約）とも回答している。
2）寡聞にして"著名経営学者にして著名企業の社外重役の実例"は，高宮晋（1975年西武百貨店取締役就任，当時上智大学教授・組織学会会長），伊丹敬之（東芝社外取締役，当時東京理科大学教授…東芝の不正会計問題が発覚した2015年後に発足の経営刷新委員会委員長として）などの少数例しか知らない。
3）よって「J. B. ベネットがケース開発の条件の1つに『その科目の理論（例えば経営学理論）だけで問題解決ができること』を挙げた」（丸括弧内は引用者）（村本 1982, 75頁抜粋要約）とあるが，SIA概念からは不適切であると言わねばなるまい。
4）「『Barnard成立3要件及び存続2要件』（Barnard 1938, p. 82, 翻訳書，85頁）で現実的問題を解く」（飯野 1979, 35頁）とあったが，例えば「貢献意欲が不足している。よって士気を高めよ！」などと規範的命題を唱えたとて，「人殺し（戦争）はやめましょう！」と説いているのと同じで何も変わらない。
5）"経営学界スクランブル（混戦）"状態はつとに知られ，それも，「『経営関連学会協議会』所属の学会数が60以上もあり，他の学界には見られない特異な趨勢」（上林 2018, 7頁抜粋要約）ことからやむなし，か。
6）筆者の勤務先大学においても，社会人大学院生の修論に散見する「N社の経営分析」なども同様である。

参考文献

Barnard, C. I. (1938), *The Functions of the Executive*, MA: Harvard Univ. Press.（山本安次郎・田杉競・飯野春樹訳『新訳　経営者の役割』ダイヤモンド社, 1968年。）

Barnes, L. B., Christensen, R. and Hansen, A. J. (1994), *Teaching and the Case Method*, 3rd ed., MA: Harvard Business Press.（高木晴夫訳『世界のビジネス・スクールで採用されているケース・メソッド教授法』ダイヤモンド社, 2010年。）

Burg, B. (2013), *Adversaries into Allies*, LON: a Penguin Random House Company.（弓場隆訳『敵を味方に変える技術』㈱ディスカヴァー・トゥエンティワン, 2014年。）

Ellet, W. (2007), *The Case Study Handbook*, MA: Harvard Business Press.（斎藤聖美訳『入門ケース・メソッド学習法』ダイヤモンド社, 2010年。）

Koontz, H. and O'Donnell, C. (1976), *Management: A Systems and Contingency Analysis of Managerial Functions*, 6th ed., NY: McGraw-HILL.

March, J. G. and Simon, H. A. (1958), *Organizations*, US-NJ: Wiley.（土屋守章訳『オーガニゼーションズ』ダイヤモンド社, 1977年。）

Roethlisberger, F. J. (1949/1968), "6：The Efficiency and Cooperative Behavior," in Roethlisberger (1968), *Man-in-Organization: Essays of F. J. Roethlisberger*, MA: The Belknup Press of Harvard University Press, pp. 95-108.（坂井正廣「フリッツ・レスリスバーガーの視点：『効率と協働』の解題と翻訳」『青山経営論集』第30巻第4号, 1996年, 153-174頁。）

Wolf, W. B. (1972), *Conversations with Chester I. Barnard*, NY: Cornell University.（飯野春樹訳『経営者のこころ──チェスター・バーナードとの対話──』文眞堂, 1978年。）

飯野春樹 (1979),「Ⅰ　バーナード理論の成立」飯野春樹編『バーナード　経営者の役割』有斐閣, 1-37頁。

小椋康宏 (2008),「マネジメント・プロフェッショナルの理念と育成」日本経営教育学会編『経営教育研究』第11巻第1号, 1-13頁。

上林憲雄 (2018),「(基調報告) 経営学に未来はあるのか?──経営学史研究の果たす役割──」経営学史学会編『経営学史学会第26回全国大会 (2018年5月18〜20日, 神戸大学) 予稿集』2-11頁。

金雅美 (2021),『MBAと日本的経営──海外MBA派遣制度の実態と構造──』学文社。

経営学史学会編 (2002, 2012),『経営学史事典』文眞堂。

経営学史学会監修 (2021, 2022, 2023),『経営学史叢書第Ⅱ期』(全7巻) 文眞堂。

河野重榮 (2016),「山城学説の展望とその後の展開」日本マネジメント学会編『経営教育研究』第19巻第2号, 7-21頁。

齊藤毅憲 (1981),『現代日本の大学と経営学教育』成文堂。

坂井正廣 (1996),『経営学教育の理論と実践──ケース・メソッドを中心として──』文眞堂。

佐藤守 (1990),『バカな大将 敵よりこわい──人望のあるリーダー・後継者の条件──』大和出版。

高木晴夫・市村真納 (2016),「ケースメソッドによる教育の意義と可能性〜公務組織・非営利組織での活用をめざして〜」一般財団法人・公務人材開発協会編『試験と研修』第031号, 28-34頁。

高木晴夫監修／竹内伸一 (2010),『ケース・メソッド教授法入門──理論・技法・演習・ココロ──』慶應義塾大学出版会。

竹内毅 (2009),『経営と西田哲学──事実より真実を求める経営学──』文眞堂。

辻村宏和 (2001),『経営者育成の理論的基盤──経営技能の習得とケース・メソッド──』文眞堂。

辻村宏和 (2002),「1　経営技能の特性を前提としたケース・メソッド──『共感的学習法』に見る

客観に対する主観の優位性──」日本経営教育学会編『経営教育研究5─新企業体制と経営者育成』学文社，1-16頁。

辻村宏和（2003），「2 『正しい理論』と経営教育（学）──伊丹敬之・加護野忠男の『経営教育』所見に寄せて──」日本経営教育学会編『経営教育研究6──経営実践と経営教育理論──』学文社，17-34頁。

辻村宏和（2005），「12 もう一つの『経営学をいかに考えるか』論──経営教育を理論的に支え得る経営教育学の探求──」日本経営教育学会編『経営教育研究8──MOTと21世紀の経営課題──』学文社，249-266頁。

辻村宏和（2006a），「4 『賢明な経営者』と『賢明でない経営者』──経済学と『経営教育学派の経営学』の理論的前提──」日本経営教育学会編『経営教育研究9──経営教育と経営の新課題──』学文社，50-66頁。

辻村宏和（2006b），「第3部 3.経営教育学の確立をめざして──山城テーゼ『経営学は経営教育である』の進化──」日本経営教育学会25周年記念編纂委員会編『経営教育事典』学文社，175-177頁。

辻村宏和（2006c），「経営学と経営者育成──『経営教育学派』の認知向上──」日本経営学会編『〔経営学論集第76集〕日本型経営の動向と課題』千倉書房，5-17頁。

辻村宏和（2007a），「経営教育学序説──経営手腕に迫るための立論形態の再考──」日本経営教育学会編『経営教育研究10──経営教育の新機軸──』学文社，121-138頁。

辻村宏和（2007b），「経営教育学序説──『成功要因分析』と『経営者ランキング』の意義──」『創価経営論集──特集：経営教育の現状と課題──』第31巻第3号（経営学部開設30周年記念号），51-62頁。

辻村宏和（2008a），「経営教育学序説──中心的『命題及び仮説』の意義──」日本経営教育学会編『経営教育研究』第11巻第1号，学文社，59-71頁。

辻村宏和（2008b），「経営学と経営者育成」経営学史学会編『現代経営学の新潮流──方法，CSR・HRM・NPO──（経営学史学会年報 第15輯）』文眞堂，46-60頁。

辻村宏和（2009a），「『経営教育学』の中心的命題とKAE原理」日本経営教育学会編『経営教育研究』第12巻第1号，学文社，33-44頁。

辻村宏和（2009b），「第2章 『経営者育成の理論＝経営教育学』構想──中心的『命題・仮説』支える下位仮説の整理及び傍証──」日本経営教育学会編『講座／経営教育3 経営教育論（日本経営教育学会創立30周年記念事業）』中央経済社，25-44頁。

辻村宏和（2011），「学界コンフィデンシャル：『経営者の育成には経営学（部）』？」財団法人公務人材開発協会編『人材開発』No.209，66-68頁。

辻村宏和（2015），「『経営教育学』体系モデルの一試論」日本マネジメント学会編『経営教育研究』第18巻第1号，学文社，7-16頁。

辻村宏和（2016），「経営教育学序説──概念と要件，そしてケース・メソッド──」同上，第19巻第1号，学文社，27-37頁。

辻村宏和（2017），「経営教育学序説──山城『実践経営学』概念の必要性──」同上第20巻第1号，学文社，77-87頁。

辻村宏和（2018a），「経営教育学序説──経営者の『主客合一性』と一人称レベルの持論──」同上，第21巻第1号，学文社，37-45頁。

辻村宏和（2018b），「3.経営学の"実践性"と経営者育成論（経営教育学）の構想」経営学史学会編『経営学史研究の挑戦（経営学史学会年報 第25輯）』文眞堂，36-50頁。

辻村宏和（2019），「経営教育学序説──実践概念と経営手腕概念による経営教育学の公理的体系化──」日本マネジメント学会編『経営教育研究』第22巻第2号，学文社，27-36頁。

辻村宏和（2020），「『実・学一体を経営教育にて可能とする経営学＝経営教育学』の模索──第79回全国研究大会・統一論題報告──」同上，第23巻第1号，学文社，41-50頁。

辻村宏和（2021），「『経営（者育成）教育』論の学的体系化のためのミニマム・ユニット」『経営情報学部論集（中部大学）』第35巻第1・2号，25-39頁。

辻村宏和（2022），「『経営（者育成）教育』論の到達点と進化──中心的仮説とMA概念規定の拡充──」同上，第36巻第1-2号，13-42頁

中村和己（2015），『コンサルは会社の害毒である』㈱KADOKAWA。

中原翔（2022），「7 経営学の教育研究──学問の体系性を回復するコマシラバスの意義──」経営学史学会編『『時代の問題』と経営学史──COVID-19が示唆するもの──（経営学史学会年報第29輯）』文眞堂，94-104頁。

野田信夫（1967），『新版 経営学』ダイヤモンド社。

廣松渉・子安宣邦・三島憲一・宮本久雄・佐々木力・野家啓一・末木文美士編（1998），『岩波 哲学・思想事典』岩波書店。

増田茂樹（2009），「実践経営学と経営財務の理論」日本経営教育学会編『講座／経営教育1 実践経営学』中央経済社，40-58頁。

三上富三郎（1976），『新版 経営診断学〈第2版〉』東京教学社。

村本芳郎（1982），『ケース・メソッド経営教育論』文眞堂。

山城章（1960），『実践経営学』同文館出版。

山城章（1965），「第二章 経営学と経営者教育──アメリカ的経営教育の世界的展開──」高瀬荘太郎編『経営者教育』経林書房，29-42頁。

山城章（1970），『経営原論』丸善。

山本安次郎（1964），『増補 経営学要論』ミネルヴァ書房。

山本安次郎（1977），『日本経営学五十年』東洋経済新報社。

5　フランスの社会的連帯経済と欧州の動向

山　口　隆　之

Ⅰ．はじめに

　欧州では社会的連帯経済が政策議論の俎上に乗って久しい。この背景には後に見るように，福祉国家体制基盤の脆弱化や市場経済の浸透による様々な社会的問題の顕在化，あるいは近年における社会権への注目といった状況があるが，とくに最近ではCOVID-19の影響やロシアの軍事侵攻による社会的・政治的な混乱の中で社会的連帯経済が持続可能な社会を実現する上で必要不可欠な存在として期待されている。

　しかしながら，社会的連帯経済はもともとフランス固有の歴史や政治の動きと切り離して理解されるものではなく，その後法制化等の動きがフランス語圏やラテン系諸国を中心に広がったという経緯もあり，わが国における情報はいまだ極めて限定的である。本稿では，フランスの歴史的経緯を踏まえた上で社会的連帯経済の本質を明らかにするとともに，社会的連帯経済を巡る欧州機関を中心とする動向を確認する。この作業を通じて，社会的連帯経済がこれらからの経営や経営研究にいかなるインプリケーションを持つのかを考えてみたい。

Ⅱ．社会的連帯経済とは

　社会的連帯経済を構成するのは社会的経済と連帯経済であり，前者は個別の法律によって規定されてきた必ずしも利潤追求を第一義的な目的としない組織や民主的なガバナンス構造（たとえば一人一票主義）をもつ組織や法律形態，すなわち具体的には，協同組合（消費者協同組合，生産協同組合，信

用協同組合など），共済組合，アソシエーション（association…日本でいう
NPO），財団を指す。また，後者は具体的な組織や企業形態というよりは，
特に 1980 年代以降，グローバル化の進展や新自由主義的な経済の広がりと
いった流れに抗して，公正かつ持続可能な社会を作ろうとする草の根的な取
り組み（たとえばフェアトレードやマイクロクレジット，地域通貨等）から
生まれた社会運動（政治や政策当局に対する働きかけも含む）という側面を
もつ[2]。

　フランスの歴史でいえば，こうした社会的連帯経済を構成する 2 つの要素
は，必ずしも折り合いの良いものでなく，現実にも前者が歴史的に保守的な
政治団体と結び付く傾向があったのに対して，後者は革新的な傾向をもつ団
体や運動と合流する傾向にあった。しかし，何れにせよ社会的経済と連体経
済は，両者とも行き過ぎた市場経済がもたらす負の側面に着目し，これを克
服する方法を模索するということでは方向性を同じくする。こうした状況や
政治的事情も重なり，フランスでは 1990 年代以降に両者が接近し，社会的
連帯経済という言葉のもとに地方を中心に関係諸団体の連携が進んでいった
（廣田 2016, 11 頁）。この流れは，中央政府に影響を与え 2014 年には社会的
連帯経済法が成立し，ここに社会的連帯経済が一つのまとまりとして，はじ
めて法的根拠を与えられた（藤井 2022, 34-43 頁；廣田 2016, 11 頁）。

　フランスの公的資料によれば，社会的連帯経済の雇用は 260 万人で総
雇用の 10 % 程度，民間雇用の 7 分の 1 を占める。女性雇用の割合が高く
（67.0 %），また雇用ベースでみると社会貢献活動部門（59.5 %），スポーツ・
レジャー部門（58.1 %），芸術娯楽部門（31.1 %），金融保険部門（29.7 %），
教育部門（19.4 %）などで高い比重を占めている。具体的な活動領域として
は高齢者向けサービス，育児（幼児期）サポート，障がい者支援，訪問医
療・介護サービス，各種保険，金融などが大きく，今後は情報，リサイク
ル，持続可能なモビリティ，次世代エネルギーなどでの活躍が期待されてい
る。なお，社会的連帯経済法で規定される事業体の内訳としては，協同組
合，共済組合，アソシエーションで全体の 9 割以上を占めるが，近年では一
般の商事会社（sociétés commerciale）の割合も急速に増えている（ONESS
2022）。

Ⅲ．歴史

　連帯経済が比較的新しい概念であるのに対して，社会的経済の思想的起源は古くユートピア社会主義に求められ，フランスにおいて初めてこの言葉が登場したのは 19 世紀前半とされる。1830 年にシャルル・デュノワイエ（Charles Dunoyer）が『社会的経済新論（*Nouveau traité d'économie sociale*）』を刊行し，同年ルーヴェンでは社会的経済についてのコースが開講された。当時社会的経済の重要性を主張する人々は，産業革命がもたらす人間への負の側面に着目し，すでに主流を形成しつつあった資本主義的経済思想が社会的な側面を軽視していると批判した。その後社会的経済は様々な思想や学派と合流し多様な社会運動や制度を生むことになる。後者についていえば既に 19 世紀末において協同組合，共済組合，アソシエーションがその中心を占めていた（Defourny and Monzon-Campos 1992, pp. 29-32, 翻訳書，11-15 頁；廣田 2016, 28-31 頁；今井 2014）。しかしながら，このような社会的経済はその後次第に注目されなくなった。なぜなら資本主義のオルタナティブとしての社会主義が台頭するとともに，特に戦後しばらくフランスは高度経済成長（「栄光の 30 年間」）を経験したことで社会福祉国家としての性質を強めたからである。この流れに変化がみられるのは 1960 年代後半から 1970 年代前半である。

　1968 年の 5 月革命（ゼネストを主体とした労働者，学生，大衆の一斉蜂起とこれに伴う政府の政策転換），反原発闘争，地方分権を求める一連の運動のなかで歴史的に協同組合を中心として実践されてきた労働者自身による企業の管理，すなわち「自主管理思想」が理想とされ，これがフランス社会党の基本路線とされた。その後約 15 年続いた社会党ミッテラン政権（1981～1995）は，「自主管理思想」を実現する担い手として社会的経済を重要視したことから政府内においても具体的な法整備や環境整備が進んだ（今井 2014）。

　1981 年には「社会的経済各省庁連絡委員会 DIES（Délégation interministérielle à l'économie sociale）」設置法が成立し，それまで別々の

法の下に規定されてきた協同組合，共済組合，アソシーションが現代的な社会的経済という概念にまとめられ，法的根拠を与えられた。1983 年には「社会的経済の特定活動に関する法（loi n° 83-657 du 20 juillet 1983 relative au développement de certaines activités d'économie sociale）」が定められ，1987 年の法（loi n° 87-571 du 23 juillet 1987）では財団に関する法規定も整備されている。1983 年からは財務相のジャック・ドロール（Jacques Delors）が経済緊縮政策を進めるなか，サービス化が進む経済の担い手として社会的経済を高く評価した。ドロールは 1985 年から 10 年間にわたり欧州委員会委員長になったことから，欧州レベルでの社会的経済に関する議論や制度環境整備も進むことになる（今井 2014）。

　また，1970 年代のオイルショックによる高度経済成長の終焉や税収の減少によって社会福祉国家の基盤が揺らぐとともに，市場の自由化やグローバル化の流れのなかで社会的経済を構成する協同組合，共済組合，アソシエーションは厳しい競争に対応すべく，事業規模拡大を余儀なくされていた。これが本来の目的から離れて事業性を強めているとの批判に繋がっていたこともあり，互いの歴史や思想の相違を超えた連携が見られるようになる。

　1976 年には「共済組合，協同組合，アソシエーションの活動についての全国連絡委員会（CNLAMCA：Comité National de Liaison des Activités Mutualistes, Coopératives et Associatives, のちの CEGES：Conseil des entreprises, employeurs et groupements de l'économie sociale）が設立され，1978 年には CNLAMCA 主催でブリュッセルにおいて社会的経済に関する初の欧州レベル会議が開催されている。その後この会議は定期的に欧州各地で開催されるようになり，社会的経済のプレゼンス向上に貢献した。

　以上の協同組合，共済組合，アソシエーションを中心としたネットワーク化の動きや政策当局での制度環境整備と並行して，1980 年代前半のフランスではグローバル化の進展とともに特に失業や貧困問題が深刻化し，仕事，住居，そして文化などへのアクセスを絶たれた社会的排除の状態にある人々を多様な組織形態（地区直轄事業体，仲介アソシエーション，就労支援企業など）を介して支援する活動が多く見られるようになった（立見・長尾・三浦 2021, 17 頁；北島 2007）。また，フランス国内外においても新自由主義的

な経済の影響，たとえば貧困問題や地域の疲弊から生じた様々な社会問題や反グローバル化の枠組みの中で公正かつ持続可能な社会を作るための草の根的な取り組みが多くみられるようになり，一つの運動としてまとまりを見せるようになる[3]。以下の社会的連帯経済法は従来の社会的経済に加えて，社会的目的を優先する様々な企業や組織を連体経済として包摂するものである。

Ⅳ．社会的連帯経済法[4]

　フランスでは 2014 年 7 月に社会的連帯経済法（loi n° 2014-856 du 31 juillet 2014 relative à l'économie sociale et solidaire）が成立した。法制化の目的は次の 5 つとされる。第一に，官民における社会的連帯経済の認知度向上，第二に社会的連帯経済のネットワーク化と資金調達力の強化，第三に労働者の権利の保障と雇用維持，第四に協同組合原則の維持と普及，そして第五に持続可能な地域開発を可能にする公正な取引や連帯の推進である（Ministère de l'économie, de l'industrie et du numérique, Secrétaire d'Etat au commerce, à l'artisanat, à la consommation et à l'économie sociale et solidaire 2015）。

　同法は全 98 条から構成されるが，協同組合，共済組合，アソシエーション，および商事会社に共通する規定は第 1 条～17 条にまとめられている。ここでは，社会的連帯経済が人間のあらゆる活動領域に適応する企業および経済発展の形態であるとされたうえで，以下の諸条件が示されている。

① その目的が単なる利益分配ではないこと（社会的有効性の存在）
② 定款において民主的ガバナンスとその構造を示し，会員，従業員，利害関係者が会社の業績について情報を得て（資本貢献や金銭的貢献に左右されることなく経営に…筆者追加）参加する仕組みをもつこと
③ 利益の大部分は企業活動の維持または発展という目的に充て，解散する場合であっても原則法定準備金は分配できないこと

このうち，①の社会的有効性は次の 4 基準によって判断される。

・特に社会的・医療的・健康的支援の観点から，経済的・社会的，または個人的に弱い立場にある人々を支援するものであること，または社会的

排除との戦いに貢献するものであること

・社会的結束の維持・発展，または地域的結束の維持・強化に寄与することを目的とするものであること

・市民のための教育，特に大衆教育や関係地域の受益者が参加することに貢献するものであること。特に女性と男性の社会的・文化的不平等の解消に貢献するものであること

・持続可能な開発，エネルギー転換，文化振興，国際的連帯に貢献することを目的とし，その活動が社会的弱者支援，地域的連帯の維持や再生，市民教育への参加のいずれかに貢献するものであること

　なお，社会的連帯経済の要件に関連して，特に社会的有効性が高いと認められる企業には「社会的有効性を備えた連帯企業」（以下 ESUS：Entreprise solidaire d'utilité sociale）の認定が行われる（同第 11 条）。ESUS は社会的有効性と経営の維持安定，そして内部での従業員の平等と民主的ガバナンスを高度に実現した経営体であり，この認定を受けるには，上記社会的連帯経済の要件に加えて下記 4 条件を満たす必要がある（1 〜 3 は定款に記載することが義務とされる）。[5]

　1　社会的有効性を追求すること

　2　上記社会的有効性を追求することにより，損益計算書に大きな影響が出ること

　3　事業体内における報酬格差が次のように一定の枠内に収まっていること

　　　―給与水準上位 5 人の従業員または管理職に支払われる賞与を含む報酬の平均が，最低水準の賃金もしくは従業員平均報酬の 7 倍を超えない

　　　―最高賃金の従業員に支払われる報酬が最低水準賃金の 10 倍を超えない

　4　株式を金融市場で取引しないこと

　さらに同法では，社会的連帯経済の発展を促すために国が用意する組織や構造について具体的に示していることが特徴である（同第 4 条〜第 10条）。主なものとして，社会的連帯経済高等評議会（Conseil supérieur de l'économie sociale et solidaire），社会的連帯経済会議所＝ESS フランス（ESS France），社会的連帯経済地方会議所（Chambres régionales de l'économie sociale et solidaire）がある。

　まず，社会的連帯経済高等評議会は，首相の下に置かれ担当大臣が指名される。社会的連帯経済に共通する立法や規制の草案，および社会的起業家活動に関連する規則等の草案について協議をする政府機関であり，国および欧州レベルでの社会的連帯経済に関する規制の調整なども行う。構成メンバーには，第三の国会ともいわれる経済社会環境評議会が任命する代表，国および地域当局の代表，協同組合，共済組合，アソシエーションといった社会的連帯経済を構成する各法的形態の代表，国の政策当局代表が含まれる。

　次に，社会的連帯経済会議所は，社会的連帯経済を構成する様々な法的形態を代表する団体，社会的連帯経済地方会議所（後述），社会的連帯経済に関わる各種法人や団体，連合等により構成される。具体的な役割としては，社会的連帯経済地方会議所のネットワーク支援・指導・調整，地域レベルで収集された社会的連帯経済に関するデータの統合（国レベルのデータ作成と分析），官民に対する社会的連帯経済とその企業モデルの PR などが法で定められている。

　最後に，社会的連帯経済地方会議所は，上述の社会的連帯経済会議所の活動を地域レベルで推進する主体とされ，地域の社会的連帯経済企業および専門組織で構成される。これらは地域の社会的連帯経済の利益を代表し，事業創出支援，経営者や従業員の教育訓練，地域内の社会的連帯経済企業に関連する諸データの収集と活用，欧州レベルの社会的連帯経済に関する情報提供，EU 加盟国間の社会的連帯経済の連携支援などを使命とする。

　さらに，同法では，国立統計経済研究所（INSEE），各省庁統計局，フランス銀行，公共投資銀行といった国の機関を動員し，社会的連帯経済を統計的に把握し監督することも規定されている（同第 12 条）。これは社会的連帯経済の経営体としての透明性確保や認知度向上による官民資金の引き付けを狙ったものであるという。また，同第 13 条は行政機関等の公共調達において社会的連帯企業を優先する規定等も盛り込んでいる。

　同法は既に何度かの改正を重ねて現在に至るが，その中でも企業経営に関

連する特徴的内容を取り上げておく。まず，2014年12月には中小企業（従業員数250人未満）の事業承継に際して従業員が協同組合の一形態である経営参加型協同組合（以下SCOP：société coopérative et participative）の創設を容易にする規定が設けられたことが注目される。

　SCOPとは，従業員が中心となり民主的に運営される協同組合のことである。その起源は19世紀に遡るが，法的には協同組合の一形態として位置付けられ1978年の法で最初に規定された。SCOPの最大の特徴は，従業員主体の民主的ガバナンスにある。まず従業員は会社の51％以上の株式を保有しなければならず，各々が株式の保有割合に関わらず1人1票の原則に基づいて取締役会における議決権の65％以上を保有する。そして取締役や管理職は，4年〜6年の任期で従業員による選挙で選ばれる。取締役や管理職は給与が支払われていれば従業員として扱われ，したがって，万一倒産した際には失業給付を受ける権利が保障される。SCOPの利益は株式，配当，非分配の積立金（発展基金（fonds de développement））という3つの方法で再分配されるが，これらにはそれぞれ制約が設けられている。まず，労働者への分配は利益の25％を下回ってはならない（通常は40％〜45％程度）。また，配当金は労働者への分配や積立金を上回ってはならない（通常は利益の10％〜15％程度）。そして積立金（発展基金）として，利益の15％以上を割り当てなければならない（通常は40％〜45％程度）（フランス政府HP）。

　このようにSCOPは従業員による民主的運営と自己資本の強化による経営の継続性を優先させる形態であるが，近年では経営者の高齢化とともに経営が健全でありながら廃業する中小企業が増えたため，従業員による事業承継の手段として注目されていた。しかしその際には上述の51％以上の株式所有という規定が資金調達の困難を生むために，事業承継から7年の猶予期間を設けて従業員による株式取得を容易にしたのが，2014年12月の改正である。

　また，2015年7月には，これまでの協同組合や共済組合，アソシエーションや財団に加えて資本会社（商事会社）であっても一定の条件を満たせば社会的連帯経済と認定されることになった。その条件として，下記を定款に記載し実行する必要がある。

・上述の社会的連帯経済に求められる企業目的のうち，いずれかに該当する企業目的
・出資額や株式保有額のみに依存しない民主的なガバナンスを確保するための機関の設置やその構成，運営方法，権限に関する規定
・利益の大半を企業活動の維持または発展のために配分すること
・利益の20％相当を法で別途定められる分配不可能な積立金（発展基金）に充てること
・上記積立金に加えて，利益の少なくとも50％相当を社会的連帯経済担当大臣の命令により定められる利益剰余金（report bénéficiaire）に割り当てること
・損失以外の理由で資本金を償却または減資しないこと（ただしこれにより事業の継続が保障される場合は例外）

Ⅴ．欧州の動向

　70年代にはすでに欧州経済社会評議会が，欧州レベルで開催される社会的経済会議の後援を行っていた。しかし，欧州で議論が本格化するきっかけとなったのは1982年に作成された協同組合に関する報告書（通称「ミーア・レポート」）であった。ここでは70年代のオイルショックによって企業倒産や大企業による大量解雇が増える中，一定の雇用を維持していた社会的経済の重要性が指摘され，これを受けて欧州議会は社会的経済に対し欧州の資源を動員する決議を行っている。
　1986年には上記決議を踏まえて欧州経済社会評議会が「欧州共同体における協同組合，共済組合，非営利セクターとその組織（*The cooperative, mutual and non-profit sector and its organizations in the European Community*）」と題する報告書を発行している。これは，その後定期的に発行される欧州レベル調査の最初のものである。そして1987年の欧州議会の決議を受けて組織的な支援体制も整えられていく。1989年には社会的連帯経済を担当する部局として当時中小企業を担当していた欧州委員会の第23総局（DGXXIII）に「社会的経済局（Social Economy Unit）」が設

置された。当該組織は一度整理されたものの，第23総局が企業総局（DG Enterprise）へ改編された2000年には，手工業，中小企業，協同組合，共済組合を担当するE3ユニットが設けられている。なお，欧州委員会は，政策対象としての社会的連帯経済の可視化と議論の深耕を図るべく1990年（ローマ），1992年（リスボン），1993年（ブリュッセル），1995年（セビリア）において次々に社会的連帯経済会議を開催し，これ以降も欧州レベルで数多くの国際会議を開催している。

　また，社会的連帯経済を支援する組織として1990年に欧州議会委員や社会的連帯経済を代表する団体によって「社会的連帯経済インターグループ（European Parliament Social Economy Intergroup）」が形成され，この組織を母体として欧州内外へ向けた社会的連帯経済の広報活動や意見交換が盛んになる。こうした欧州機関内外での運動や組織化の進展にともなって，欧州委員会は1992年に欧州レベルでの法律制定に関して欧州協同組合法，欧州共済組合法，欧州アソシエーション法の3つを欧州社会的経済法としてまとめる法案を提出している。

　90年代前半には，社会的連帯経済を巡って欧州機関内での温度差も露呈したが，90年代後半には再び組織体制が強化される[6]。1998年には欧州委員会の諮問機関として「協同組合，相互会社，協会および財団に関する諮問委員会」（CMAF：Conférence des Coopératives, Mutualités, Associations et Fondations）が設置され，2008年には欧州経済社会評議会が社会的連帯経済に関する情報国際センター（CIRIEC：International Centre of Research and Information on the Public, Social and Cooperative Economy）を通じて「欧州連合における社会的経済（*The Social Economy in the European Union*）」を発行し，統計的に加盟25カ国における社会的連帯経済の状況を把握し国ごとの概念や認知度の比較を行っている。続いて2009年には，上記インターグループが，現在につながる広い視点から社会的連帯経済の価値や可能性を指摘する報告書（通称「トイア・レポート」）を作成し，欧州議会の承認を得た。ここでは当初の雇用の維持・創出に加えて，リスボン戦略との関係，女性雇用の拡大，貧困や社会的排除との闘い，ディーセント・ワークの促進，地域の活性化，中小企業支援の重視といった視点から社会的

連帯経済の価値が評価されている。

　さらに 2011 年には，欧州委員会により，ソーシャルビジネス・イニシアチブ（*SBI: Social Business Initiative—Creating a favorable Climate for social Enterprises, key Stakeholders in the social Economy and Innovation—*, COM（2011）682 final）が示された。ここでは，社会的連帯経済を構成する社会的企業の発展，主要なステークホルダー，ソーシャル・イノベーションを促進するための短期的なアクションプラン（11 項目）と，中長期的な観点から社会的連帯経済を支援する諸施策の可能性が検討されている。注目すべきは，ここで社会的企業（social enterprise）が正式に社会的連帯経済の一部とされたこと，そして社会的連帯経済に関わる政策の諮問機関として「社会的連帯経済と社会的企業に関する専門家グループ（GECES：Commission Expert Group on the Social Economy and Social Enterprises）」の設置が約束されたことである[7]。

　2018 年には上述の「社会的経済インターグループ」がさらに，「社会的経済に対する EU 政策の将来：欧州の行動計画に向けて（*The Future of EU Policies for the Social Economy: Towards a European Action Plan*）」と題する報告書において，欧州委員会に対して 7 つの柱に沿った 20 の政策手段と 64 の具体的行動計画を示している。

　2020 年 3 月に欧州委員会が示した向こう 10 年間を見据えた新産業戦略は，翌年 5 月に修正され，グリーン，デジタル，レジリエントな生態系の構築（回復力のある社会への移行）を柱とする欧州産業政策の方向性が確認された。そして，当該新産業戦略を見据えたうえで 2021 年〜2030 年の社会的連帯経済に関する一連の具体的アクションプログラムとそのタイムスケジュールを示したものが，「人間のための経済の構築：社会的連帯経済に関する行動計画」（*Building an Economy that works for People: An Action Plan for the social Economy*, COM（2021）778 final）である。タイトルに「人間のため」という表現が使用されているのは，大きく社会権との関係で社会的連帯経済の役割に期待するためである。具体的には，国連が進める SDGs との関係にも触れながら，質の高い雇用の維持・創造，貧困と社会的排除への対応，社会福祉の充実，過疎対策や地域活性化，持続可能な都市や

コミュニティの構築，そして責任ある消費や生産など，ひろく人間の生きる権利や生命が関わる領域において社会的連帯経済が具体的かつ革新的な解決策を提供するものと位置付けられている。なお，欧州委員会は中間期にあたる 2025 年に当該アクションプランの進捗を踏まえ，あらたな方針を示す予定である。

　2022 年には同じく欧州委員会によって「近接型経済と社会的連帯経済の移行経路（*Transition pathway for Proximity and Social Economy*）」が発行された。これはグリーン社会，デジタル社会（ツイントランジション）かつレジリエントな社会への移行に際して，欧州機関，加盟各国，地方自治体，ステークホルダーのそれぞれが社会的連帯経済に対してとるべき行動指針を示すものであり「近接型経済（proximity economy）」というあたらしい概念を鍵として社会的連帯経済を評価している。「近接型経済」とはローカルで短いバリューチェーン，地産地消，人間中心の都市モデルなどによって構成される経済である。すなわち，持続可能な社会を目指すうえではむろんのこと，今回のパンデミックやロシアによるウクライナ侵攻によってグローバル化が進んだ経済や既存バリューチェーンの脆弱性が浮き彫りになったとして，市民のニーズを満たすための「近接型経済」の重要性を指摘し，このような経済の中で社会的連帯経済が中心的役割を果たすとしている。これは，社会的連帯経済や小規模企業が本来もつ対人個別サービスへの対応力，地域との密着性，ニッチでローカルな市場への対応力，ビジネスモデルの多様性や機動性，民主的な運営構造などをあらためて再評価するものである。

　なお，以上の欧州機関を中心とする動向に加えて，国連は 2013 年に ILO や社会開発研究所が主導する社会的連帯経済タスクフォース（TFSSE：Task Force on Social and Solidarity Economy）を設立し社会的連帯経済を SDGs の重要な担い手と位置付けている。さらに OECD も 2022 年 6 月に社会的連帯経済に関する勧告を行っている。

Ⅵ. おわりに

　フランスや欧州の動向，そして新自由主義的な経済体制や市場経済化の流れに抗した様々な草の根的取り組みの増加は，既存の企業や社会にいかなる課題を提起しているのであろうか。

　一つは，社会権やそれを構成する諸権利という視点の重要性である。ここで考察した内容は，押しなべて人間が人間らしい生活を送れる生活基盤の獲得，すなわち生存権，広くは社会権の重視という共通のベクトルをもっている事に注目したい。われわれが今日迎えている主たる危機は，再生不可能な資源の枯渇や生態系の破壊といった生態学的な危機，そしてコミュニティの崩壊や社会的排除といった人を再生産する基盤の脆弱化という社会的危機であり，これらは何れも生命の危険に繋がるものである。社会的連帯経済は社会性と経済性を内包する事から，社会における経済の位相を問うものであると同時に，これらの間にある緊張を緩和するひとつの手段となる可能性を有している。

　そして社会的連帯経済は，経営における民主主義をどう捉えるかという問題をも提起する。本稿で考察したフランスの社会的連帯経済は，協同組合原則の一人一票主義に代表される，いわば参加型民主主義の中に理想を見出すものであると同時に，経営体内部における平等を実現せんとするものであった。今後，働き甲斐や人間の尊厳を重視するディーセント・ワークが求められるなかで，いかなる民主主義を実現するのか，それをいかに実現するのか，この問題に対して社会的連帯経済は一つの選択肢を示しているといえよう。

注

1 ）今日欧州機関では一般に協同組合，共済組合，アソシエーション，財団に社会的企業（social business）を加えて "social economy" と表現しているが，これはフランス語の "économie sociale" を英語に直したものであり，本来このフランス語には資本的性格を想起させる社会的企業は含まれない（社会的連帯経済を表現する場合にはあえて "économie sociale et solidaire" という表記を用いる）。なお，近年国連機関である ILO ではあえて "social and solidarity economy" という英語表記を用いていることもあり，用語上の混乱は今日なお続いている。本稿

では，社会的経済と連帯経済を区別する必要がある場合を除いて，社会的連帯経済という訳語で統一する。

2）たとえば西川（2007）は，語源的に社会的経済とはミクロ的な社会事業経済，連帯経済とは，非営利・倫理的要素を重視したマクロ的な経済組織であるとし，藤井（2022）は，前者を組織もしくは組織の集合を意味するセクター概念，後者を運動概念とする。なお，運動としての連帯経済について，フランスでは緑の党の政治家として活動し，サードセクター（tiers secteur）の重要性を訴えたレギュラシオン学派創始者の一人アラン・リピエッツ（Alain Lipiets）の活動が良く知られている。

3）代表的なものに後述の RIPESS がある。なお，アングロサクソン諸国では，サッチャー政権（1979〜1990）による新自由主義的改革とそれに伴う各種社会福祉政策の縮小にともない，チャリティーや慈善団体を中心とする活動が広がりをみせる契機となった。1993 年にはハーバード大学ビジネススクールの教育プログラム Social Enterprise Initiative により社会起業家や社会的企業の概念が提起されている。

4）社会的連帯経済法の全文はフランス政府が運営する HP（https://www.legifrance.gouv.fr/）で公開されており，以下の内容はこれに基づいている。

5）当該認定を受けた際には，通常の社会的連帯経済に適応される優遇制度（国，地方自治体，一般銀行が用意する基金による優遇融資，税制上の利点など）のほか，特定の支援や資金提供の恩恵，たとえば，特定用途の連帯貯蓄金融（l'épargne solidaire）へのアクセスや，ESG 投資のような国主導のスキームによる資金への優先的アクセスが可能となる。

6）90 年代後半以降に再び社会的連帯経済が注目された背景としては，社会的連帯経済の国際的ネットワークが反グローバリズム運動と融合しながら拡大していったことが指摘される。1997 年には「社会的連帯経済を推進する大陸間ネットワーク（RIPESS：Réseau intercontinental de promotion de l'économie sociale solidaire）」が設立され，その後この組織は「社会的連帯経済に関するグローバル憲章」を発表し，国連への働きかけなどを通じて国際的な運動に大きな影響を与える事になる。また，2001 年には既述の CNLAMCA が社会的経済企業，雇用主グループ評議会（CEGES：Conseil des entreprises, employeurs et groupements de l'économie sociale）に改組，2004 年には国を超えた社会的経済の結束点としてその後重要な役割を果たす社会的連帯経済初の世界大会，モンブラン会議（Rencontres du Mont-Blanc その後 ESS Forum International に改組）が開催されている。

7）その後ソーシャルビジネス・イニシアチブ（SBI）については，2020 年 11 月に欧州委員会の El ユニットである雇用・社会問題・社会的包摂総局が中心となり，その効果分析とフォローアップが行われている。

参考文献

Boltanski, L. and Chiapello, E. (1999), *Le nouvel esprit du capitalism*, Gallimard, Paris.（三浦直希ほか訳『資本主義の新たな精神（上・下）』ナカニシヤ出版，2013 年。）

Defourny, J. and Monzon-Campos, J. L. (eds) (1992), *Économie sociale: Entre économie capitaliste et économie publique, The Third Sector: Cooperatives, Mutual and Nonprofit Organizations*, De Boeck-Wesmael, Bruxelles.（富沢賢治ほか訳『社会的経済——近未来の社会経済システム——』日本経済評論社，2003 年。）

Eme, B. and Laville, J. L. (1988), *Les petits boulots en question*, Syros, Paris.

European Commission, Communication from the Commission to the Council, the European Parliament, the European Economic and Social Committee and the Committee of the Regions (2011), "SBI：Social Business Initiative—Creating a favorable Climate for social

Enterprises, key Stakeholders in the social Economy and Innovation—," COM (2011) 682 final.

European Commission, Communication from the Commission to the Council, the European Parliament, the European Economic and Social Committee and the Committee of the Regions (2021), "Building an Economy that works for People: An Action Plan for the social Economy," COM (2021) 778 final.

European Communities-Economic and Social Committee (1986), *The Cooperative, Mutual and non-profit Sector and its Organizations in the European Community.* (http://aei.pitt.edu/41813/1/A5956.pdf)

European Commission (2022), *Transition Pathway for Proximity and Social Economy.* (https://base.socioeco.org/docs/transition_pathway_-_proximity_and_social_economy.pdf)

European Economic and Social Committee (2012), *The Social Economy in the European Union.* (https://www.ciriec.uliege.be/wp-content/uploads/2015/12/resume_CESE2012_en.pdf)

Evers, A. and Laville, J.-L. (eds.) (2005), *The Third Sector in Europe*, Edward Elgar, Cheltenham. (内山哲朗・柳沢敏勝訳『欧州サードセクター——歴史・理論・政策——』日本経済評論社, 2007年。)

Laville, J. L. (1992), "La création institutionnelle locale: l'exemple des services de proximité en Europe," *Sociologie du Travail*, 34, no3 (1992), pp. 353-368.

Laville, J. L. and Nyssens, M. (2000), "Solidarity-Based Third Sector Organizations in the "Proximity Services," Field: A European Francophone Perspective," *International Journal of Voluntary and Nonprofit Organizations*, Vol. 11, No. 1, pp. 67-84.

Laville, J.-L. (2007), *L'économie solidaire: Une perspective internationale*, Hachette Littératures, Pais. (北島健一他訳『連帯経済——その国際的射程——』生活書院, 2012年。)

Laville, J.-L. and Coraggio, J. L. (dir.) (2016), *Les Gauches Du XXIe Siècle: Un Dialogue Nord-Sud*, Le bord de l'eau, Lormont. (中野佳裕編訳『21世紀の豊かさ——経済を変え, 真の民主主義を創るために——』コモンズ, 2016年。)

Lipietz, A. (2011), *Pour le tiers secteur*, La Découverte, Paris. (井上泰夫訳『サードセクター——「新しい公共」と「新しい経済」——』藤原書店, 2011年。)

Ministère de l'économie, de l'industrie et du numérique, Secrétaire d'Etat au commerce, à l'artisanat, à la consommation et à l'économie sociale et solidaire (2015), Tout savoir et tout comprendre sur la loi économie sociale et solidaire. (https://www.ess-europe.eu/sites/default/files/publications/files/la_loi_ess_a_un_an.pdf)

Observatoire national de l'ESS (ONESS) (2022), *Panorama de l'ESS: Ce que l'ESS apporte à la société.* (https://www.ess-france.org/panorama-de-l-ess-ce-que-l-ess-apporte-a-la-societe)

Social Economy Europe (2018), *The Future of EU Policies for the Social Economy: Towards a European Action Plan.* (https://base.socioeco.org/docs/see-action-plan-for-social-economy.pdf)

今井迪代 (2014), 「EUにおける政策概念としての「社会的経済」——その導入とドロールによる初期の取り組みについて——」『経済学研究論集』第40号, 1-19頁。

北島健一 (1994), 「フランスにおけるエコノミ・ソシアルのルネッサンスをめぐって」『松山大学論集』第6巻2号, 73-99頁。

北島健一 (2007), 「連帯経済論の展開方向——就労支援組織からハイブリッド化経済へ——」西川潤・生活経済政策研究所編『連帯経済——グローバリゼーションへの対案——』明石書店,

　　59-85 頁。

北島健一 (2016),「連帯経済と社会的経済——アプローチ上の差異に焦点をあてて——」『政策科学』
　　第 23 巻 3 号, 15-32 頁。

立見淳哉・長尾謙吉・三浦純一編 (2021),『社会連帯経済と都市——フランス・リールの挑戦——』
　　ナカニシヤ出版。

西川潤 (1994),「社会的ヨーロッパの建設と『社会的経済』理論」『生活協同組合研究』Vol. 220,
　　54-67 頁。

西川潤 (2007),『連帯経済——グローバリゼーションへの対案——』明石書店。

廣田裕之 (2016),『社会的連帯経済入門——みんなが幸せに生活できる経済システムとは——』集広
　　舎。

藤井敦史編著 (2022),『地域で社会のつながりをつくり直す社会的連帯経済』彩流社。

フランス政府 HP：https://www.economie.gouv.fr/（2023/3/28）

第Ⅲ部
ワークショップ

6　国際学会で研究発表する

磯　村　和　人

間　嶋　　　崇

高　尾　義　明

I．ワークショップの趣旨

　第30回全国大会より，統一論題報告，シンポジウム，自由論題報告に加えて，新たにワークショップが企画され，実施されるようになった。幸い，研究，教育活動を活性化していく上で，有意義な企画として受け入れられたと考えられる。そのため，研究発表に限定することなく，ワークショップを定着させ，学会員の研究力，教育力の向上を図ることに活用することにし，第31回全国大会においては，国際交流担当の立場からワークショップを実施することになった。まず，イントロダクションとして，企画の趣旨，内容と進め方，今後の計画について説明した。

　企画の趣旨としては，以下の通りである。国際交流を図るときに，しばしば，海外の研究者を国内に招待し，研究会，学会などで発表する機会を作るということが行われる。これに対して，今回のワークショップは，学会員が，より積極的に自らの研究成果を海外に発表し，国際交流を図るための手助けとなることを狙った。海外において，学部，大学院での留学経験のある研究者にとって，国際学会で自らの研究成果を発表することは当然のことであり，指導教員，研究室のメンバー，共同研究者の姿を見て，自然に学んでいると思われる。

　これに対して，国内で研究キャリアを積み重ねてきた研究者にとっては何かきっかけでもないと，なかなか国際学会で発表することは容易ではないと考えられる。したがって，国内で研究キャリアを形成しながら，国際学会で

研究発表を続ける学会員からの協力を得て，その経験を共有する機会を作ることとした。今後，海外への研究発信を促進するために，まずは，どのように国際学会に発表するか，そのプロセスを知り，投稿をアクセプトさせ，発表を成功させるコツを伝授してもらおうという意図でワークショップは企画された。

　続いて，ワークショップでは，企画の内容と進め方について説明した。北米，欧州，アジア・オセアニアなど，さまざまなエリアで，それぞれ異なる時期に，国際学会が開催されている。その規模についても Academy of Management（AOM），European Group of Organizational Studies（EGOS）のように大規模なものもあれば，地域やテーマを限定した比較的に規模の小さなものまで，多種多様な国際学会が存在している。このような国際学会で，継続的に学会発表の経験のある学会員として，今回，間嶋崇，高尾義明，磯村和人の3名が20分間ずつその経験を共有することとした。

　具体的な内容としては，どの学会をどのような理由で選んだか，どの学会でどのような発表を行ったか，投稿，審査のプロセスはどのようなものか，現地に到着し，発表までの様子はどのようなものであったか，などについて，その体験談を具体的に説明してもらうことにした。また，審査をスムースに突破するためのコツとしてどのようなことがあるか，発表後，どのようなフィードバックがあったか，発表後，海外の研究者とどのような交流が広がったか，などについて，海外での発表のきっかけにして起こったことなどを中心に，自らの経験を具体的に披露してもらうことにした。

　さらに，質疑応答とディスカッションのための時間として，30分程度をとることができた。参加者のなかでも海外で発表の経験あるメンバーから体験談を募り，海外へ研究発信していくことの意義を共有し，議論することとした。

　今後の計画としては，以下のような説明を行い，学会員の協力を求めた。Academy of Management 年次大会に参加するとわかるように，日程は5日間で編成されている。最初の2日間は，Professional Development Workshop（PDW）やシンポジウムが中心に配置され，研究発表というよりも比較的に研究歴の浅い研究者の研究力や教育力を向上させるための企画が

充実している。中日である日曜には，統一テーマに関する招待講演などを中心に発表が設定され，最後の2日間は，研究業績を上げるためのペーパーセッションが行われる。

国内学会では，前者の機能が十分ではなく，後者の2つの機能が中心になっている。今回のワークショップは，若手，中堅を中心に，研究力，教育力を高めるための企画として位置づけ，国際交流担当としてワークショップをシリーズ化したいという提案を行った。具体的なテーマとしては，海外ジャーナルへの投稿，査読への対応，システマティックレビューの方法，海外研究者との共同研究の進め方，海外の出版社からの著書の出版などを取り上げることが考えられる。

今後，若手，中堅の研究者にとって，国際学会で研究発表し，海外ジャーナルに投稿していくことは必須になると予測され，その対応力を高めるための企画を計画していることをアナウンスした。本学会は，理論的研究，歴史的研究が重要な位置を占め，海外に研究を発信していく上で，こうした研究の重要性は高いと思われる。したがって，若手，中堅の研究者にとって十分に意義のある企画になると考えられ，引き続き，ワークショップ企画を検討する旨，提案を行った。

なお，本稿の第Ⅱ，Ⅲ，Ⅳ節は，それぞれ間嶋崇，高尾義明，磯村和人による報告の要約であり，予稿集原稿に対して，一部，加筆を行ったワークショップの記録である。第Ⅰ節と第Ⅴ節は，それぞれ，ワークショップの企画者である磯村和人がその趣旨と，ワークショップの結果を踏まえて，今後の展望を記述したものとなっている。

Ⅱ．迷子のための国際学会発表

1．はじめに

私の国際学会発表経験は，とても少ない。それゆえ，百戦錬磨の先生方のように，国際学会で採択されるための，あるいはそこで評価されるための的確で有益な情報をお伝えするなどということは，到底できない。しかし，少ないながらもその経験を通じて得た学びについてお話することはできそうで

ある。また，私の国際学会発表経験の多くは，SCOS（Standing Conference on Organizational Symbolism：組織シンボリズム学会）という日本ではあまり聞き慣れないであろう学会でのものであるため，多くの人にとって馴染みの薄い同学会の特徴や魅力をお伝えすることもできる。そこで，本報告では，SCOS を中心とした私の拙い国際学会発表経験について紹介し，国際学会で発表を行う私なりの意義について示すことにしたい。

2．片手で足りる：発表経験とその内容

　私の国際学会での発表経験は，全部で6回と，繰り返しになるがとても少ない。そのうち，5回が経営学関連，1回が教育実践（経営学教育）に関するものである。すなわち，経営学の発表については，片手で足りるほどの経験しかない。加えて，AOM（Academy of Management：アメリカ経営学会）での発表は，経験豊富な先生方のワークショップにただただご一緒させていただき叶った機会であったし，その後のSCOSでの発表も共同研究者をはじめいろいろな先生にお助けいただき実現したものである。それゆえ，自分で掴んだ機会とはとても言い難い。しかし，同時に言えることは，とりわけ英語が大の苦手である私にとって，国際学会での共同研究は，とても心強く不可欠なものであるということだろうか。

　さて，私がどのような発表をしてきたか（発表題目）は，表1の通りであ

表1　発表経験とそのタイトル

発表年	学会	タイトル
2011	AOM	Critical Reconsideration of Normative Business Ethics toward Practice Turn
2012	SCOS	Import, Transition and Translation
2016	SCOS	Narrative as Media of Caring Organization: A Case of Social Inclusion in Organization through Dialogical Practice
2017	IICE	Proposal of teaching methods combining role-playing and metaphor in undergraduate business administration education
2018	SCOS	Clinging to robustness: A paradoxical generation process of hyper-rigid cyber security system ＊東京開催
2021	SCOS	Difference makes difference: Mediational Organizational Practices of Information Security System ＊オンライン開催

る。私自身は，学説研究に関心を持ち，国内では学説研究の発表も行うが，国際学会では学説それ自体について論じることより，なんらかの現象の定性調査を行い，それを関心のある学説の観点から論じ発表することが多い。たとえば，医療や情報セキュリティの実践を題材にナラティブや ANT（Actor Network Theory）の観点からそれらがなぜ生じているのか理解を深めるなどである（SCOS 2012, 2016, 2021）。なお，私の経験のすべてが共同研究によるものである。

3．Serious Fun：発表学会の特徴，年次大会のプロセス

　私が発表経験を多く積ませていただいている SCOS は，学会公式サイトによれば，EGOS のワーキンググループから生まれ，1981 年に設立された学会である[1]。組織のシンボリズム，文化，変革に関わる問題を中心的な関心とし，組織論，社会人類学，カルチュラルスタディーズ，メディア研究，哲学，政治学，歴史学，社会心理学など，多様な研究領域からそれらを研究する学会である。そのこともあってか，Majima（2019）によれば，同学会の学会誌 *Culture and Organization* では，ヨーロッパ特有のクリティカルな視点が目立つと共に，アイデンティティやジェンダー，文化，美学など，日本とは幾分異なるキーワードの研究が多いのが特徴である[2]。

　さらに，学会の哲学として Serious Fun（真剣に楽しむ）を標榜し，組織やマネジメントの問題を分析する風変わりで画期的なアイデアの開発を大切にしている点も SCOS の特徴である。たとえば，2017 年の年次大会で聞いた art based approach の一つである poetic inquiry による研究はとても衝撃的だった。また，毎年 7 月に開催される年次大会は，flesh, animal, home, ghost など，毎回一風変わったテーマを掲げて，Call for Paper（CFP）を募るのも特徴である。それによって，発表されるほとんどの研究が何らかの形でその年次テーマに関係したものになる。ちなみに，年次大会のテーマは，前年の 10 月頃に公表され，CFP は前年の 12 月に開始され，1 月中の締め切り（延長されることもある）までに 500words の要旨を提出することになる。採否はだいたい 3 月に通知される。報告数は 1 大会当たり 100 余り。また，大会開催後に，上述学会誌で特集号が組まれる。

4．新しい地図：発表の意義

　ありきたりの見解ではあるが，私にとって国際学会，とりわけSCOSへの参加は，風変わりな大会テーマや日本の経営学系学会とは異質な制度ロジック，多様な研究領域・方法とその観点からの発表やコメントに触れることで，視野をぐっと広げられ，自身の研究関心や方法を見つめ直す（新たなセンスメーキングが生じる）とても良い場になっている。わざわざ書くことでもないが，特に，自分以外の発表を手当たり次第聴きまくることは，自身の見つめ直しに大変有用である。それ以外にも，学会への参加を重ねることで，以前からの知人研究者（海外研究者）との交流が深まり，学会誌の査読や学会の記念出版物への寄稿，共同研究などの機会をいただくこともあり，それらも自身の研究関心の広がりや見つめ直しへと繋がっている。これらはいずれも，研究の方向性に迷いに迷っている研究迷子の私にとって，新しい地図を見つける最良の機会になっている。実際，私の近年の関心である「組織の倫理」研究やICTと組織倫理の関連性（情報セキュリティやシェアリングエコノミーなど）の研究は，国際学会参加から見つけた新しい道の一部である。当然，私にとってのこの意義は，国際学会でなければ得られないわけではない。しかし，国際学会だからこそその気づきや知との出会いがあるのも確かである。

5．結びにかえて：迷子のための国際学会発表

　以上のように，私にとって国際学会での発表は，自身の考えを世に広めたり評価を得たりするための機会ではなく，自身を見つめ，迷子から抜け出し，新たな道を探すための道具になっている。もちろん目的は人それぞれだと思うが，経験上，研究迷子の方にこそ，国際学会発表をお勧めしたい。

Ⅲ．日本開催の国際学会から発表を始めた経験

1．はじめに

　私の国際学会発表経験は実質的に4回であり，恥ずかしいほど少ない。しかし，少ないからこそ一つ一つの発表のことをはっきり覚えており，それを

思い返すことがこれから国際学会で発表しようという方々にとって何か参考
になることもあるかもしれない。以下では，時系列的に国際学会での発表を
振り返り，最後にこれから国際学会で発表しようとする方々へのメッセージ
を紹介する。

2．日本で開催される国際学会での発表

　先に述べた実質的に4回しかない発表のうち，3回は日本で実施された
国際学会での発表であった。最初の発表は2007年8月に東京で開催された
International Society for System Sciences の年次大会であった。この発表
は自発的なものであったというよりも，同年次大会のホストとなった先生方
から強く発表を勧められ，やむなく発表したという感じである。初めてとい
うこともありすべてにおいて貧相なレベルの発表であったが，日本での学際
系学会での発表であったので，失うものは少ないという意味で気楽ではあっ
た。今にして思えば無理やりでも最初の発表をしたという経験はその後の発
表に活きており，強く発表を勧めてくださった先生方（法政大学の徳安彰先
生，東京工業大学（当時）の出口弘先生）に改めて感謝している。

　2回目及び3回目は，2014年に日本で行われたある国際カンファレンス
（現在は存在しない）及びIFSAM（International Federation of Scholarly
Associations of Management）の大会であった。当時行っていた研究内容の
海外発信を模索しており，ある先生から上記のカンファレンスがよいのでは
ないかと勧められた。そちらにアプライした直後にIFSAMが日本で開催さ
れることを知ったため，分析モデルを修正して応募した。こちらについては
発表内容自体がそこそこのレベルだったこともあり，プレゼンテーションは
不十分だったものの質疑もまともに成り立ち，少しは自信になった。

3．AOM年次大会への参加

　2014年度に初めてAOM（Academy of Management）の年次大会に参加
した。当時参加していた研究チームでその年度の発表にアプライしたのが
きっかけである。発表にアプライすると，自動的に査読への協力のメールが
届く。査読を担当するオブリゲーションはないが，今後のことも考えて3本

の査読を担当することにした。査読結果の執筆には苦労したが，AOM と言えどもアプライの内容は玉石混交であることがよく分かった。結局，研究チームでアプライした発表はリジェクトされたものの，翌年度からサバティカルで米国に赴任することが決まったこともあり，Philadelphia で開催されたその年度の大会に参加した。

　AOM の年次大会は経営学では世界最大規模であり，セッションの数は把握しきれないほどあるが，色々なセッションに参加するとアクセプトされて発表されているものでもやはり玉石混交であることや，英語のレベルもセッションによってさまざまであることを体感的に理解した。セッションを適切に選べば最先端の研究成果を知る機会になること，海外の研究者のみならず日本の研究者とのネットワーク構築の機会にもなることなどから，その後 4 年間継続して参加した。その間，毎年査読も担当したが，他のレビューアーのコメントが後で公開されることはとても参考になった。

4．AOM 年次大会での発表

　研究テーマの絞り込みによって海外の研究をしっかりキャッチアップできるようになったこと，日本語より英語の方が得意な留学生が博士課程に入り，普段から英語で研究指導するようになったことなどもあって，いよいよ本格的に国際学会での発表を検討することにした。数年間参加し続け，大会査読を続けていたこともあり，AOM 年次大会を発表のターゲットとした。

　大会は 8 月に開催されるが，発表のアプライの締め切りは 1 月上旬から中旬頃でフルペーパーの提出が求められる。発表した 2019 年度は 3 月下旬にアクセプトの連絡が届いた。AOM では応募者に対してレビューアーのコメントも公開される。レビューアーは 2 名だったが，その質も量も非常に違いがあったのが印象的だった。1 名のコメントは改善に有益なものであった。

　当日の発表時間はセッションによって異なるが，日本の学会での一般発表とさほど異ならない（発表 20 分，質疑応答 5 分など）。発表前には，留学経験があり，英語のプレゼンテーション経験が豊富な先生にアドバイスをいただいた。

　どんなセッションに入るかによって，参加者や質疑の内容などはかなり異

なるが，発表では有益なコメントが得られ，研究の発展につながった。

5．おわりに：英語が得意でない方々へのメッセージ

　これからの時代を考えると，研究者として成長を続けるために国際学会に参加し，そこで発表することはますます重要になるだろう。とはいっても，英語が得意ではないために二の足を踏む方もおられるのではないかと思う。そうした方々に対する，経験も少なくいまだに英語がまったく得意ではない私からのメッセージは以下の4点である。

(a)　英語が苦手であっても，（できれば早めに）どこかで無理やり発表する機会を持つのも良いのではないか

(b)　日本で開催される学会やワークショップに参加したり，そこで発表してみたりするのは精神的・物理的な負荷が小さい始め方かもしれない

(c)　同じ国際学会に複数回参加して雰囲気や相場観を把握すると，そこで発表しようというモチベーションの向上につながる

(d)　研究テーマは狭めに設定すると，英語での質疑応答のハードルが少し下がる

　それぞれの点に若干補足をしておきたい。(a)については大学院生を指導されている先生方へのメッセージでもある。大学院生の研究内容そのものが十分な水準に達していれば，国際学会での発表を強く勧めるのも指導教員の一つの役割であるのかもしれない。

　(b)は，必ずしも日本開催でなくてもよく，ネイティブスピーカーが少ないところ（たとえば，東アジア圏）ならハードルは下がると思われる。

　(c)についてはもちろん費用がかかるものの，将来に向けた投資と考えればよいのではないだろうか。

　(d)は，基本的には国内学会での発表でも心がけた方がよいことが少なくない。英語が得意でない場合の最大の難所は質疑応答での質問の聴き取りであり，聴衆の関心を絞り込むように発表をすることで聴き取りの難しさが少しは低減するように思われる。

Ⅳ. EGOS Colloquium で共同研究を促進する

1. 国際学会への参加

　専門職大学院に所属しているとき，国際会計基準（IFRS）の導入に合わせ，グローバルに活躍できる財務，経理担当者の人材育成に関わった。そのとき，1年間，研究専念期間を与えられ，研究者として自分自身もグローバルに研究を発信し，海外で教育に携わることができることを目標とした。その結果，コンスタントに国際学会で発表するようになり，2年に1回のペースで国際学会での研究発表を行っている。研究発表した学会としては，直近の15年間で以下の通りで，IIS（International Institute of Sociology）で1回，AOM（Academy of Management）で4回，WAM（Western Academy of Management）で1回，EGOS（European Group for Organizational Studies）で2回，発表している。

　今回，2019年，2021年と，比較的，最近，研究発表したEGOSでの研究発表のときの経験を共有した。前者は，"Barnard's method of creating theory from experience," paper presented at the 35th EGOS (European Group for Organizational Studies) Colloquium, Edinburgh, UK, July 4-6, 2019 であり，後者は，"Examining how customers' contributions are integrated into an organization on the basis of Chester Barnard's concept of formal organization," paper presented at the 37th EGOS (European Group for Organizational Studies) Colloquium, Vrije Universiteit Amsterdam (VU), Amsterdam, The Netherlands, July 8-10, 2021 である。具体的には，EGOSという学会の特徴，投稿から発表までのプロセス，発表後のフィードバックという3点について説明した。

2. EGOS の特徴

　EGOSは，名前が示すように，ヨーロッパを中心とする学会であり，アメリカを中心とするAOMとはやや趣を異にしている。AOMでは実証研究が圧倒的な多数を占めるのに対して，EGOSでは，理論研究，事例研究，エス

ノグラフィックな研究も多く，日本の研究者にとっては発表しやすい場となっている。

　EGOS が他の学会と大きく異なるのは，大会の参加者はすべて発表者であるということにある。年ごとの統一テーマが設定されると，70 余りのサブテーマが設定される。一つのサブテーマには 7 つのセッションが設定され，一つのセッションに 3 つの報告が配置されるので，サブテーマでは，約 20 の研究発表が行われる。発表者は自分のサブテーマのセッションだけに参加することを強く推奨される。つまり，同じテーマを共有するサブテーマで発表するとともに，そのサブテーマのセッションに参加することで，共同研究などを生み出すきっかけを作る仕組みになっている。

　その他，いくつか特徴的なことを述べると，EGOS は，ヨーロッパを中心とする学会であることもあり，英語のネイティブスピーカーは英国を除くとマジョリティではない。したがって，日本人にとって英語のディスアドバンテージを感じることなく，議論に参加できる。また，EGOS に提出したフルペーパーについては，プロシーディングスに登録するか，他のジャーナルに投稿するか，選択することは特に求められない。フィードバックを受け，他に投稿することも可能となる。研究途上の発表を積極的に申し込み，フィードバックを生かし，ペーパーのクオリティを高めることに活用できる。

3．投稿から発表までのプロセス

　続いて，投稿から発表までの流れを見た。大会は，通常，7 月上旬に開催される。ちなみに，2023 年は，7 月 6 日〜8 日までイタリア，サルディニアにある University of Cagliari で行われた。まず，大会が始まる 2 年前に統一テーマが決定され，サブテーマの募集が始まる。3 名からなる主催者がサブテーマを投稿し，審査の結果，約 70 程度が採用される。サブテーマが決まると，大会の 1 年前，9 月下旬からショートペーパーの募集が始まり，翌年の 1 月上旬に締め切られる。

　ショートペーパーは 3000 語で，あとで提出する 6000 語のフルペーパーの中心的なアイデアをまとめる。ショートペーパーには，ペーパーの目的，理論的背景，着目するリサーチ・ギャップ，採用されるアプローチ，分析方

法, 中心的な発見と貢献を説明することを求められる。また, 必要に応じて, サブテーマと統一テーマとの関連についても記述する。EGOS では, 創造性, 革新性, 理論的基盤, 批判的思考が高く評価される。

　ショートペーパーが 1 月上旬に投稿されると, サブテーマの主催者による審査が行われ, 2 月下旬～3 月下旬までに決定が知らされる。投稿したサブテーマに採用されない場合にも関連する他のサブテーマで空きがある場合に, 別のサブテーマで採用される可能性があり, 調整のために, やや長めに審査期間が設定される。

　採用が決定されると, フルペーパーを 6 月中旬までに投稿し, その後, サブテーマに投稿されたフルペーパーがサブテーマに参加するメンバーに送られる。参加者は, 発表まですべてのペーパーを事前に読んでくることを期待されている。フルペーパーの作成と合わせて, 報告スライドの作成に着手する。発表は 15 分, 質疑応答 5 分というのが一般的である。このように, いったん, 発表の投稿を決めると, 9 月から翌年 7 月までショートペーパー, フルペーパー, 報告スライドの準備と約 10 か月間, かかりきりになる。

4．発表後のフィードバック

　EGOS では, 同じサブテーマのセッションに参加することを義務づけているので, 他のセッションに参加し, 広く研究動向を探索することには不向きである。しかし, 比較的に関心の近い領域の研究者とインテンシブに議論でき, 研究者との交流を深めることができる。

　実際, 2019 年に参加したセッションでは, 経営学の古典を再評価するものであった。その結果, バーナードで博士論文を書いている研究者と知り合いになり, 共同研究の可能性を探っている。また, 2021 年には, オープンなネットワーク型の組織を研究するグループが主催するセッションで, バーナードの公式組織概念をベースに顧客を活用する新しいマネジメント・スタイルを探索する発表をした。その後, 主催者の 1 人が編集を務める組織社会学事典を出版する企画に招聘されることにつながっている。

　このように, 国際学会で研究発表をすると, グローバルなアカデミック・

コミュニティに入ることができ，さまざまな研究プロジェクトに加わるチャンスが広がる。

Ｖ．今後に向けて

今回のワークショップを通じて，国際学会で継続して発表を続ける3名の登壇者の体験談からさまざまな関わり方があることがわかった。第1報告では，かなり特定された研究テーマに絞ったヨーロッパの学会で，研究コミュニティを形成し，インテンシブな議論ができることが示された。第2報告では，まずは国内で開催される国際学会で経験を積み重ねるなかで，研究発表のノウハウを蓄積し，海外での学会発表につながっていることが論じられた。第3報告では，北米の学会に見られることとは違って，ヨーロッパの学会では必ずしも実証研究がドミナントであるわけではなく，多様な研究アプローチが可能であることがわかった。

3つの報告を受けて，ディスカッションでは，海外での学会で報告経験のある会員から質問あるいはコメントを受けることで，国際学会で発表することの意義について検討した。研究に多様性があり，発表の場が広がること，共同研究を始めて，ネットワーク作りを行うことができること，これまでの研究の進め方を見直し，新しい取り組みを進められること，など，国際学会の発表を通じて，研究力，あるいは，教育力の向上につながることを議論することができた。

国際学会に参加することで，どのような新しい学びがあるかを共有できたことは大きな意義があった。すでに経験を蓄積している学会員のサポートを受けながら，経営学史学会から日本で蓄積されている研究をグローバルに発信していくことが今後は重要になると考えられる。引き続き，国際交流担当の立場から同じような趣旨でワークショップ企画をシリーズ化したいと考えている。

注
1）https://www.scos.org　なお，2018 年には，日本版の SCOS（JSCOS：日本組織シンボリズム学会）が設立されている。

2）2000年から2017年に *Culture and Organization* 誌に掲載された論文に付されたキーワードを集め，算出した（Majima 2019）。ちなみに，同時期の『組織科学』の頻出キーワードは，イノベーション，組織間関係，産業集積，HRM などであった。

参考文献

Majima, T. (2019), "Exploring SCOSsiness: from a beginner's view," *SCOS: Searching Collectively for Our Soul*, PuntOorg, pp. 281-292.

第 Ⅳ 部
論　　攷

7 差異への対処
――フォレットとバーナードの比較――

林　　　徹

Ⅰ．問題の所在

　動態的組織観のパイオニア（三井 2012）とされるフォレットに関してバーナードはその後続研究とされている[1]。しかし，具体的にどこがどう継承されているかは必ずしも十分に明らかにされていない。本稿は差異への対処に論点を絞り，その見地からフォレットとバーナードを理論的に比較する。

　一般に，互いに対等な主体が差異に直面したとき，通常，市場メカニズムによって調整される[2]。具体的には，かかわることなく離れる，見過ごす，やり過ごす，交渉に入る，取引を交わす，といった具合である。しかし，職場や家庭のように何らかの規則や慣習の下で，たとえば上下関係にある主体同士が，一定の期間，一定の物理的空間において，心理的または身体的に居合わせ続ける場面は少なくない。そのような場面では市場メカニズムのみによって差異が調整されることは期待できない。

　本稿は差異への対処をめぐるフォレットの考え方とバーナードのそれを比較して両者の間に共通性を見出す。その理由は次の通りである。

　第1に，差異への対処に際して当事者のいずれかが不満足に陥る支配や妥協よりも「統合」が望ましいとフォレットは主張している。第2に，バーナードは主著第9章「非公式組織およびその公式組織との関係」でフォレットを引用しているが，他にもフォレットの影響を受けたと思われる箇所がある。そのひとつが第17章「管理責任の性質」である。他方で，動態的組織観を摂取し損ねているように思われる箇所がある。そのひとつが第11章「誘因の経済」である。第3に，フォレットが個人間あるいは集団間におけ

る主体の差異に注目したのに対して，第17章でバーナードは管理職における道徳準則間の差異に注目している。両者が注目している対象は異なるが，差異に対する最良の対処という点で両者の考え方に共通性を見出すことができる。

　差異の根源は各主体の目標や価値前提にある。どこでどう生きるか，と言い換えられる。その目標の形成・変容の過程は，手段としての社会環境（外界）との二重の相互作用，すなわち外界に対する主観的な意味づけとしてのイナクトメントに依存する。直面した差異への対処は，したがって各主体の目標や価値前提にも主体間のその後の関係にも影響を与える。

　本稿の構成は次の通りである。第1に，当事者双方が不満足に陥らないための具体的な処方箋を検討する。そのために管理される側の心理を明らかにした「2要因理論」（Herzberg 1966）の見地から，管理する側の立場で構築されている「誘因の種類」（Barnard 1938）の再分類を試みる。第2に，「誘因の方法」と「説得の方法」の関係，それに加えて「説得の方法」と管理職における「道徳的創造性の職能」（Barnard 1938）の関係を吟味する。そのうえで，「道徳準則の創造」をフォレットによる「統合」（Follett 1924, 1949）と対比させることにより，両者の共通性を抽出する。

Ⅱ．誘因の2分類に対する批判的検討

　フォレットによれば，差異を解決する方法には3つある。すなわち，支配（domination），妥協（compromise），統合（integration），である。支配は短期的には有効であるが長期的には成功しない。妥協は互いに欲求の一部を断念しあう。支配も妥協も当事者のいずれかが不満足であるのに対して，統合は当事者双方が十分な満足を得る（Follett 1949, 翻訳書，127-128頁）。

　実際，「統合」の前提となる「情況」に対する「判断ないし解釈」によっては差異や対立も予想されると藻利が指摘している。また，「統合」が容易でないことを裏付ける種々の要因（obstacles to integration）を柚原（2016a）が指摘している。たとえば，高度な創意工夫に必要な，知力，洞察力，協力的思考「術」，などである（柚原 2016a, 69頁）。

　フォレットが言う「統合」には「非凡な能力」が必要であるという上記のような指摘は,「道徳的創造性の職能」に関して,「種々の高度な能力」,すなわち,才幹,精力,想像力,一般的能力,の必要性をバーナードが説いていることと通じている（Barnard 1938, p. 272, 翻訳書, 284 頁）。

　以下では,結果として当事者のいずれかが不満足となる「支配」や「妥協」ではなく,また「非凡な能力」や「種々の高度な能力」を追究するのでもなく,当事者双方が不満足に陥らないための操作的な処方箋に注目する。具体的にはバーナードの主著第 11 章「誘因の経済」を取りあげて検討する。

　「誘因の方法」と「説得の方法」に関して,バーナードは次のように示している。もし組織が必要とする個人的貢献にふさわしい誘因を与えられない場合,提供しうる誘因が適当となるように多くの人々の欲望を説得によって改変しない限り,その組織は存続しえない（Barnard 1938, pp. 149-154, 翻訳書, 155-160 頁）。言い換えれば,提供可能な適切な誘因には限界があるから,管理者は,説得によって貢献者となるべき者の意欲を維持・高揚せざるをえない。本稿ではそのような処方箋を「誘因先行説」と呼ぶことにする。[10]

Ⅲ．誘因先行説に対する批判的検討

　誘因先行説によれば,管理者は,まず,個人に特定的に提供される 4 つの特殊的誘因のなかから適切な誘因を識別して相手に提供し,貢献を引き出すことができればそれで足りる。適切な誘因を提供できないとき,次に,3 つのなかから適切な説得の方法を識別してそれを試みる必要がある,ということになる。このように理解される誘因先行説は普遍的なものであろうか。

　誘因先行説に対する反例を 1 つ挙げてみよう。バーナードは,宗教教育,愛国主義の理念,家庭教育,その他に見出される「動機の教導」を,最も重要な説得形式として挙げている（Barnard 1938, p. 153, 翻訳書, 159 頁, 傍点は引用者）。たとえば,奉仕主義（フォード）,水道哲学（パナソニック）,というように,特定の経営理念で知られる創業者の考えが流布している企業は実在する。そのような企業において,創業者に関する動画,自伝,または

伝記等を通じて，ある新卒（または中途採用）者Ｘが入職する前の段階において，「動機の教導」が十分に達せられているとしよう。このとき，Ｘの上司Ｙはその創業者本人ではないにもかかわらず，Ｘ（受令者）からみたＹ（発令者）について一定の「無関心圏」（Barnard 1938, pp. 168-169, 翻訳書，177頁）が存在していると考えられる。その結果，ＸはＹの指揮下で業務に従事することによって，ＸもＹも不満足に陥ることはない。そのような場合，Ｘの貢献意欲を引き出すために，Ｙはわざわざ適切な誘因の方法を識別してＸに提供する必要はない。極端な例ではあるが，この例から誘因先行説が必ずしも普遍的でないことがわかる。誘因が必ずしも先行しないとすれば，「誘因の方法」と「説得の方法」の関係はどう理解されるべきであろうか。

　結論を先に言えば，当事者双方が不満足に陥らないために，「誘因の方法」と「説得の方法」は，ちょうど両輪のようにして，それらが適切に組み合わされ，適切な順序で提供され，相手方に受容されることによって「能率」が達成されるための手段である。必ずしも誘因が先行するものではない。

　まず「誘因の方法」を掘り下げてみよう。バーナードの主著第11章「誘因の経済」は，管理する側の立場に立って構築されている。そこで，管理される側の心理を実態調査から明らかにした衛生要因／動機づけ要因（Herzberg 1966）と「誘因の方法」を照らし合わせてみると，両者を整合的に理解しがたいことがわかる。以下では，1つの試みとして，バーナードが識別した誘因の方法について，特殊的／一般的に代えて，衛生要因／動機づけ要因（Herzberg 1966）に呼応させて再分類する（表1）。

　ここで，誘因の種類である特殊的／一般的に対して衛生／動機づけの2要因を対照させることの妥当性を敷衍すれば，以下の通りである。いま，衛生／動機づけを，物的／非物的と読み替える。その視角から特殊的／一般的の2分類をみると，再整理されるべきことがわかる。かりに，非物的な（b：個人的で非物質的な機会）も（d：理想の恩恵）も，バーナードが言うように個人に対して特定的に識別・提供されたとする。ところが，提供する側の意図通りに受け手側が主観的に「受容」するかどうかはわからないし，受容

表1　Herzberg（2要因）と Barnard（誘因の方法）

Herzberg（2要因）		Barnard（誘因の方法）	
衛生	作業条件	a：物質的誘因	特殊的
	対人関係―上役	b：個人的で非物質的な機会（注1）	
	給与	c：好ましい物的条件（注2）	
	監督技術	d：理想の恩恵（注3）	
	会社の政策と経営		
動機づけ	昇進	e：社会結合上の魅力	一般的
	責任	f：情況の習慣的なやり方と態度への適合	
	仕事そのもの	g：広い参加の機会	
	承認	h：心的交流の状態	
	達成		

注1, 3：「個人的で非物質的な機会」と「理想の恩恵」を除けば，特殊的誘因は衛生要因に対応する。
注2：原典の文脈から，身体的・肉体的な作業環境を意味しているように思われる。
出典：Herzberg（1966）と Barnard（1938）より筆者作成。

されるという保証もない。一般的とされる（e）から（h）までの誘因についても同様である。このように，非物的な誘因（または動機づけ要因）を特定的に提供（かつその意図通りに受け手側が受容）することは容易ではない。他方で，ひとたび受け手側によって「受容」されれば，いずれも特殊個人的かつ特定的となる。非物的な誘因（または動機づけ要因）には，そのような特質がある。

　一般的誘因について，バーナードは「個人的なものではなく，特定的に提供されえない」と定義している。たとえば，それらのうち（f：情況の習慣的なやり方と態度への適合）とは，具体的には，その職場において当人に適合的な慣習的作業条件や訓練の方法，を指している（Barnard 1938, p. 147, 翻訳書，153-154頁）。

　特定の個人にとって，その職場における慣習的作業条件や訓練の方法が自身に適合的であるかどうかを事前に識別することは不可能であろうか。実際，それが適合的でないとしても，当人がそれに適応可能かどうかの判別は，作業現場を見るだけでわかるケース，条件や方法について詳しい説明を受ければ判断できるケース，条件や方法の変更や修正をめぐって擦り合わせる余地を探るケースなど，いろいろある[11]。このようにみると，「特定的に提供されえない」という定義は静態的組織観に由来するものと思われる。

　この点，バーナードの主著第 9 章脚注 5 でフォレットが引用されているその直前の段落が注目に値する。「組織のコツを知ること」は，主として，その非公式社会で，だれがだれで，なにがなにで，なぜにやっているかを知ることである（Barnard 1938, p. 121, 翻訳書, 127 頁），と。これは，静態的組織観ではなく，フォレットが強調している相互作用・相互浸透を特徴とする「円環的反応」(circular response)，すなわち動態的組織観から導かれる。

　それに対して特殊的誘因のうち，ともに物的な（a：物質的誘因）と（c：好ましい物的条件）は，静態的組織観と整合的である。すなわち，受け手側による「受容」という主観的な側面を根本的に払拭することはできないものの，「物的」である以上，少なくとも提供する側と第三者から（書面などで）客観的に了解を得られるという特質がある。[12]

　管理者側の論理，すなわちバーナードによる管理職能（主著第 15 章）は，彼が定義した「公式組織の 3 要素」（主著第 7 章）に呼応するかたちで導かれている。そこで次に，公式組織の存続条件，管理過程（有効性と能率，主著第 16 章）に遡って，特定的／一般的の 2 分類の妥当性を吟味しよう。

　柚原（2015）によれば，共通目的にかかる有効性は，外的，非人格的，客観的であり，貢献意欲にかかる能率は，内的，人格的，主観的である。また，「誘因の方法」は客観的であり，「説得の方法」は主観的である（柚原 2015, 62-63 頁）。事実，バーナードは，客観的誘因を提供する方法が「誘因の方法」であり，主観的態度を改変させる方法が「説得の方法」である（Barnard 1938, p. 141, 翻訳書, 147-148 頁，傍点は引用者），と述べている。

　これによれば，特殊的と一般的の（a）から（h）までの誘因すべてが客観的となる。しかし，これまでにみた通り，それらのなかには非物的なもの，または（主観的な）動機づけ要因が含まれているから首尾一貫しない。他方で，必要な活動の確保にかかる「能率」は主観的である。とはいえ，その達成のために必要な要件が主観的なものに限られるわけではない。なぜなら，物的と非物的の誘因（material/non-material or economic/non-economic inducements）の適切な組み合わせが識別・提供・受容されることで，貢献意欲が維持・高揚され，その結果，必要な活動が確保されるから

である。

　以下では，「誘因の方法」と「説得の方法」の関係を仮設例で説明する。

　ある職場で導入されているトヨタ生産方式（大野 1978）を管理者が伝授する過程を取りあげる。いま，「多能工」「自働化」「5 つのなぜ」などの具体的な諸要素や基本的な考え方を管理者が相手に伝えようとしている。通常，特定的な誘因を識別・提供するよりも前に，相手が未経験者か，ある程度の実務経験があるか，また理解の進捗度合いをみきわめつつ，管理者は，いわば手探りで，適切な方法や速さを選びながら，説明を進めてゆく。たとえば，相手が未経験の新卒なら，労働災害を防ぐためにも，「強制」的な規律・訓練が効率的で適切であろう。それに対して，一定の実務経験のある中途採用なら，「機会の合理化」または「動機の教導」によって，賃金改善と職の長期安定（不満足を招かない特定の誘因）に向けての全社的なコスト削減が不可欠であることを体系的に理解させるのが適切であろう。

Ⅳ. 「統合」の対象と管理職における「道徳的創造性の職能」

　バーナードは，「説得の方法」（主著第 11 章）のうち，「動機の教導」が最も重要であるとしている。それとは別に，「管理責任の性質」（主著第 17 章）で管理職における「道徳的創造性の職能」の必要性を説いている。両者はおおむね共通しているが，後者には特段の機能的側面がある。その機能について，ある見地からは正しいが他の見地から誤りと思われる場合に作用するような，「行政的」と「司法的」の，相異なる過程の両立である（Barnard 1938, p. 279, 翻訳書，292 頁），とバーナードは述べている。そのような両立と関連して，柚原が興味深い論理を紹介している。

　管理者による調整を踏まえた「個人準則」と「組織準則」の均衡のあり方をバーナードが論じているのに対して，西田（引用者注：幾多郎）による二元論的思考の否定においては管理者による調整機能が所与とされている。これに対して，バーナードにおける管理責任，すなわちリーダーシップの本質とは，多様に交錯し対立する行為諸規範に対して，「個人準則」と「組織準則」の一致，能率と有効性の結合・調和，という「確信」を通じた道徳準則

の創造機能である（柚原 2016b, 108-109 頁，傍点は引用者），と。

　道徳的創造の機能を担保する「確信」は動態的組織観から導かれる概念である。同時に「確信」の基礎には公式な（静態的）階層構造の有無もある。

　まず，公式な階層構造を前提とすれば，「組織人格」のみが関係する（Barnard 1938, p. 281, 翻訳書, 293 頁）。したがってそれは，異なる職能部門間の調整，すなわち全般管理（Fayol 1916）に他ならない。全般管理という名の「調整」は，同時にせよ逐次にせよ，誘因（物的・経済的／非物的・非経済的）と説得（強制／機会の合理化／動機の教導）の適切な組み合わせと適切な順序による識別・提供が管理者の定見と時間的展望（都筑・白井 2007）の下で施される。

　次に，公式な階層構造が前提でないとき，関係する対象は「組織の起源」（Barnard 1938, pp. 102-103, 翻訳書, 106-108 頁）または非公式組織である。人々の接触の継続を基礎とする非公式組織においては，欲求や関心がほぼ等しく，そこに差異はない。ゆえに対処は問題にならない。反面，非公式組織が挫折した場合，それによって支えられていた全体社会は協働的でなく闘争的な結果に直面する（Barnard 1938, pp. 117-120, 翻訳書, 122-126 頁）。

　道徳準則の創造につながる確信は管理職「個人の内面」の問題であるが，フォレットが言う統合の対象は「個人間または集団間」である。そこで 1 つの試みとして 3 つの「説得の方法」の延長上に「道徳準則の創造」を置き，フォレットによる「差異への対処」と並べて両者を対比させる（表2）。

表2　Follett（差異への対応）と Barnard（説得の方法）

Follett（差異への対応）	Barnard（説得の方法）
闘争で勝利（domination）	強制（the creation of coercive conditions）
妥協（compromise）	
自発的服従（voluntary submission）（注）	機会の合理化（the rationalization of opportunity） 動機の教導（the inculcation of motives）
結合（integration）	
	道徳準則の創造（the creativeness of moral codes）

注：自発的服従は後に削除された。
出典：Follett（1924）と Barnard（1938）より筆者作成。

　すると「強制」は「支配」に，また「機会の合理化」または「動機の教
導」は「自発的服従」（「統合」に至ることもありうる）に，それぞれ対応す
る。

Ⅴ．結語

　差異への処方箋を検討することの学史的な意義はこうである。道徳準則の
創造（表2右下）の対象は，内外における関係者の間の利害，道徳準則の間
の差異に対処し，かつ特段の機能的側面を備えた「管理職の内面」である。
これに対してフォレットが言う統合（表2左下）は「個人間または集団間」
の差異への対処をその目的としている。両者の対象は同じでない。しかし，
差異の対処として「非凡な能力」を必要とする「統合」が最良であるとフォ
レットはみており，「種々の高度な能力」を必要とする「道徳準則の創造」
が最上位の管理責任の性質であるとバーナードは位置づけている。そこに両
者の間の共通性を見出すことができる。
　本稿では，第1に，当事者双方が不満足に陥らないための具体的な処方箋
に注目して，管理される側の心理を明らかにした「2要因理論」（Herzberg
1966）の見地から，管理する側の立場で構築される「誘因の種類」（Barnard
1938）を検討し，その再分類を試みた。そのうえで「誘因の方法」と「説得
の方法」の関係を仮設例によって説明した。第2に，「説得の方法」と管理
職における「道徳的創造性の職能」（Barnard 1938）の関係を吟味したうえ
で，「管理職の内面」たる道徳準則の創造を，フォレットによる「個人間ま
たは集団間」の統合（Follett 1924, 1949）と対比し，両者の間の異同を明ら
かにした。
　「差異への対処」という抽象度の高い視点を措定すると，その射程はきわ
めて広い。たとえば，市場における取引・参入・撤退（e.g., Smith 1776），
発言オプション（Hirschman 1970），文化を通じた結合（Schein 2010），勢
力による結合（高田 2003［1940］），部署間調整（Galbraith and Nathanson
1978），協調・合従連衡などを通じた自立/依存といった組織間関係（山倉
1990），その他である。学説の統一的な分類・整理は今後の課題である。

謝辞

　本稿執筆に際して，2023年3月4日の九州部会合同部会報告（経営学史学会・経営行動研究学会・経営哲学学会）および5月28日の全国大会（龍谷大学，ZOOM）自由論題報告において司会・コメンテータを担当していただいた西村香織先生，オンラインで質問と助言をいただいた磯村和人先生と藤井一弘先生，さらに匿名査読者の両先生に対してお礼申し上げます。

注

1）杉田（2012, 20頁）が指摘しているように，たとえば，バーナードでは第9章「非公式組織およびその公式組織との関係」第3節「公式組織による非公式組織の創造」（Barnard 1938, pp. 121-122, footnote 5, 翻訳書，128頁，注5）において，ワイクでは第2章「センスメーキングの7つの特性」第3節「有意味な環境をイナクトするプロセス」（Weick 1995, pp. 32-34, 翻訳書，42-44頁）において，それぞれフォレット（Follett 1924）が引用されている。

2）互いに対等な主体を「当事者」と言うこともできる。本稿において当事者とは，みずからの目的を達成するための手段として相手を探索する者を指す。

3）バーナード流に言えば道徳的要素，カーネギー学派（e.g., Simon 1997［1945］；March and Simon 1993［1958］；Cyert and March 1963）で言えば価値前提にかかわる。

4）協働すべき相手方を含む。ただし，故人や架空の人物も相手方に含まれうる。

5）イナクトメントとは，ある素材に対して，注目され，そのなかのどこかが，一定のしかたで括られ，切り取られ，その結果生成された意味が押し付けられること，と言い換えられる。しかし，その動因が具体的に何であるかをワイクは必ずしも体系的に説明していない（Weick 1979）。

6）差異を解決する方法は4つから3つへ修正されている。4つとは，自発的服従（voluntary submission），闘争の結果一方が他方に勝利（domination），妥協（compromise），統合（integration），であった（Follett 1924, 翻訳書，164頁）。その定義上，自発的服従は不満足を伴わない。

7）フォレットにおける欲求の不満足／満足は，ハーズバーグの2要因と比べると，任意に合成された1軸の連続体で捉えられているように思われる。基本的に2要因は互いに共約不可能である。ただし，2要因は明瞭かつ普遍的に峻別されているわけでもない。たとえば，対人関係や育児休暇は，職務内容や家庭状況に依存する。

8）「十分な満足を得る」とは，本稿では，相手の探索または相手との相互作用のなかで，物的・金銭的な誘因／心的・非金銭的な動機の組み合わせを通じて，当事者の希求水準が満たされることを指す。ただし，特殊個別的な事情とともに当事者の希求水準はたえず変動する（March and Simon 1993［1958］）。動態的組織観の所以である。

9）藻利によれば，「情況」に関する判断ないし解釈については，差異，分裂の発現が予想される。しかし，それを解決する方法もまた「情況の法則」に従う「統合」である（Follett 1949, 翻訳書，解説，211-214頁）。したがって，「非凡な能力」や「種々の高度な能力」の問題につながる。

10）限られた期間で，かつ恵まれた事情にあれば，物質的誘因と非物質的誘因の代替が有効なこともある，とバーナードは主著第7章で述べている（Barnard 1938, p. 93, 翻訳書，97頁）。

11）このような捉え方は，フォレットによる相互作用・相互浸透を特徴とする「円環的反応」（circular response）の一部であるように思われる。とすれば，フォレットの動態的組織観を引き継いだバーナードは，主著第11章に関する限り，静態的組織観から十分に脱け出せていなかったのかもしれない。

12）2要因理論からみると，バーナードは，2軸（動機づけ／衛生）の尺度という考えに至っておらず，「総合的な満足／不満足」という1軸の尺度を前提にしているように思われる。

参考文献

Barnard, C. I. (1938), *The Functions of the Executive*, Cambridge, MA: Harvard University Press. (山本安次郎・田杉競・飯野春樹訳『新訳・経営者の役割』ダイヤモンド社，1968年。)

Cyert, R. M. and March, J. G. (with contributions by Clarkson, G. P. E., et al.) (1963), *A Behavioral Theory of the Firm*, Englewood Cliffs, NJ: Prentice-Hall. (松田武彦監訳・井上恒夫訳『企業の行動理論』ダイヤモンド社，1967年。)

Fayol, H. (1916), *Administration industrielle et générale: prévoyance, organisation, commandement, coordination, controle*, Paris: Dunod. (山本安次郎訳『産業ならびに一般の管理』ダイヤモンド社，1985年。)

Follett, M. P. (1924), *Creative Experience*, New York: Peter Smith. (三戸公監訳・齋藤貞之・西村香織・山下剛訳『創造的経験』文眞堂，2017年。)

Follett, M. P. (1949), *Freedom & Co-ordination: Lecture in Business Organization*, London, UK: Management Publications Trust. (藻利重隆解説・斎藤守生訳『フォレット経営管理の基礎—自由と調整—』ダイヤモンド社，1963年。)

Galbraith, J. R. and Nathanson, D. A. (1978), *Strategy Implementation: The Role of Structure and Process*, St. Paul, MN: West Publishing Co. (岸田民樹訳『経営戦略と組織デザイン』白桃書房，1989年。)

Herzberg, F. (1966), *Work and the Nature of Man*, Cleveland, OH: World Publishing. (北野利信訳『仕事と人間性——動機づけ−衛生理論の新展開—』東洋経済新報社，1968年。)

Hirschman, A. O. (1970), *Exit, Voice, and Loyalty: Responses to Decline in Firms, Organizations, and States*, Cambridge, MA: Harvard University Press. (矢野修一訳『離脱・発言・忠誠——企業・組織・国家における衰退への反応—』ミネルヴァ書房，2005年。)

March, J. and Simon, H. A. (1993), *Organizations*, 2nd ed., Blackwell (Originally in 1958). (高橋伸夫訳『オーガニゼーションズ 第2版——現代組織論の原典—』ダイヤモンド社，2014年。)

Schein, E. H. (2010), *Organizational Culture and Leadership*, 4th ed., San Francisco, CA: Jossey-Bass (Originally in 1985). (梅津祐良・横山哲夫訳『組織文化とリーダーシップ』白桃書房，2012年。)

Simon, H. A. (1997), *Administrative Behavior: A Study of Decision-making Processes in Administrative Organization*, 4th ed., New York: Free Press (Originally in 1945). (二村敏子・桑田耕太郎・高尾義明・西脇暢子・高柳美香訳『新版・経営行動——経営組織における意思決定過程の研究—』ダイヤモンド社，2009年。)

Simon, H. A., Smithburg, D. W. and Thompson, V. A. (1950), *Public Administration*, New York: Alfred A. Knopf. (岡本康雄・河合忠彦・増田孝治訳『組織と管理の基礎理論』ダイヤモンド社，1977年。)

Smith, A. (1776), *An Inquiry into the Nature and Causes of the Wealth of Nations*, London, UK: Printed for W. Strahan, and T. Cadell. (高哲夫訳『国富論——国民の富の性質と原因に関する研究——（上・下）』講談社，2020年。)

Weick, K. E. (1979), *The Social Psychology of Organizing*, 2nd ed., Reading, MA: Wesley. (遠田雄志訳『組織化の社会心理学 原書第2版』文眞堂，1997年。)

Weick, K. E. (1995), *Sensemaking in Organizations*, Thousand Oaks, CA: Sage. (遠田雄志・西本直人訳『センスメーキング イン オーガニゼーションズ』文眞堂，2001年。)

大野耐一 (1978)，『トヨタ生産方式——脱規模の経営をめざして——』ダイヤモンド社。

杉田博 (2012)，「フォレットの生涯とその時代」経営学史学会監修／三井泉編著『フォレット（経営学史叢書 第IV巻）』文眞堂，1-24頁，第1章。

高田保馬 (2003), 『勢力論』ミネルヴァ書房 (中山伊知郎・東畑精一共編『新經濟學全集』日本評論社, 第28巻, 1940年)。

都筑学・白井利明編 (2007), 『時間的展望ハンドブック』ナカニシヤ出版。

三井泉 (2012), 「動態的組織観」経営学史学会編『経営学史事典 (第2版)』文眞堂, 276頁。

藻利重隆 (1963), 「解説」斎藤守生訳『フォレット経営管理の基礎――自由と調整――』ダイヤモンド社, 173-248頁。

山倉健嗣 (1990), 『組織間関係――企業間ネットワークの変革に向けて――』有斐閣。

柚原知明 (2015), 「バーナード理論における二元性の特質と調整――ケストラーと西田幾多郎の所論を踏まえて――」『宮崎産業経営大学論集』第25巻第1号, 59-76頁。

柚原知明 (2016a), 「フォレットの統合理論に関する一考察――グラハムの所論を踏まえて――」『宮崎産業経営大学経営学論集』第26巻第1号, 65-74頁。

柚原知明 (2016b), 「バーナード組織論における道徳準則の創造――西田幾多郎における二元論の否定を踏まえて――」『甲南経営研究』第57巻第1号, 87-110頁。

8　人的資源概念の批判的検討
──リフレキシブ経営学の提唱に向けて──

米　田　　晃

Ⅰ．はじめに[1]

　本稿の目的は，経営学（とりわけ人的資源管理（Human Resource Management：HRM）論，以下 HRM 論）における「人間」の捉え方について批判的に検討することを通じて，これまで経営学がいかなる視点から人間を捉えてきたのか，そして，これからの時代を生きる人間をどう捉えるべきかについて論じることである。

　現代の経営学では，HRM 論において人間（労働者）の管理について集中的に論じられる傾向がある。HRM 論では，人間を「人的資源」すなわち，経営目標を達成する上で「役に立つ資源」として捉えるという点に特徴がある（三戸 2004；守島 2010）。

　一方で，人間を資源として捉えることで，かえって人間特有の性質を捉え損ねてしまうのではないかという批判がなされてきた（Bolton and Houlihan 2007；三戸 2004；守島 2010；Steyaert and Janssens 1999）[2]。ここでいう人間特有の性質としては，例えば「一人ひとりがかけがえのない存在であり，自らの力を持ち，欲求を持ち，心に奥深いものを持ち，意志を持ち，目的を立てて行動する」（村田 2023, 117 頁）という点が挙げられよう。

　こうした性質を持つ人間は，その他の経営資源（モノ・カネ・情報）とは異なり，使用者（経営者）の好き勝手に管理を行うことができないという特徴がある（古林 1979）。古林（1979）は，労働者を「経営の協働者あるいは共同組合員」として認識する必要性を説き，「彼らの地位は所有者層の利益追求の手段に供せられるべきところのものではなく，価値ある経営の成員と

してその人格が認められねばならぬ」（古林 1979, 40 頁）と論じている。

　このように，人間は単なる資源としては捉えられない側面があることが認識されていながらも，現代の経営学では，そうした人間そのものに対する考察を伴う研究が少なくなってきていることが指摘されている（上林 2021a, 2021b；守島 2010）。こうした現状の背景には，原因と結果からなる因果関係の解明に重点を置く「科学」的な研究が主流となっている一方，科学的研究が前提とする価値・規範をも批判的に吟味・検討する「学術」的な研究が影を潜めているという点が挙げられる（上林 2021a）。

　だが，三戸（2002）が主張しているように，人間に関する考察は経営学の根幹的なテーマであり続けてきており，これを論じることは経営学という学問的特徴を理解する上でも重要である。

　なお，本稿では，人間論を議論する上で，Barnard（1938）の議論に依拠し，(1) 企業・組織から独立した，哲学的な検討対象としての人間の特徴・本性について考察する人間論と，(2) 企業・組織における人間という文脈を念頭に置いた人間論とに大別する。さらに，(2) の人間論について Barnard（1938）の組織人格と個人人格の議論を踏まえ，企業・組織にとって合理的と判断される人間の側面（資源としての側面）に焦点を置いた人間論と，そうした視点に回収されない人間の側面などに焦点を置いた人間論とに整理する。その上で，本稿では，紙幅の制約上，(1) の議論について詳細に論じることは避け，(2) の議論について焦点を当てることにする。

　本稿では以下のような流れで議論を行い，経営学における人間の捉え方について，とりわけ人的資源概念を対象に，この概念が有する新自由主義的思想の価値観を批判的に検討する。まず，経営学において，いかにして人的資源概念が成立していったのかについて，学説を通じて検討を行い，人的資源概念が提唱される以前においても人間を資源として捉える視座は潜在していたことを論じ，こうした人的資源概念が有する問題点を指摘する（第Ⅱ節）。次に，人的資源概念に代わる現代社会における人間の捉え方として，リフレキシビティ（reflexivity）という観点から人間を捉えることを論じる（第Ⅲ節）。最後に，本稿の内容を改めて整理し，経営学が前提とする諸概念（人間，労働ないし仕事など）が有する特徴を学説・学史的な変遷を踏まえた上

で検討することの重要性を主張する（第Ⅳ節）。

Ⅱ. 経営学における人的資源概念の学説的展開
——テイラーの科学的管理から HRM 論の成立まで——

　本節では，経営学において人的資源概念がいかにして成立してきたのかについて，テイラーの科学的管理から HRM 論が成立するまでの期間をもとに検討する。より具体的には，(1) テイラーの科学的管理とそれに対する反論としての人事管理（Personnel Management：PM）論の成立，(2) 人間関係論・行動科学の影響を受けた PM 論の隆盛，(3) PM 論から HRM 論へのパラダイム転換という三つの段階に分けて議論する。

　結論を先取りすれば，人的資源概念が経営学で明示的に提唱されるのは，Drucker（1954）や G. ベッカー（G. S. Becker）らの労働経済学における人的資本理論の研究であるが（Becker 1975），それ以前の PM 論においても，人間を資源として捉えるような見方が潜在していたのであり，1980 年代における HRM 論の提唱は，そうした潜在的知見と新自由主義的思想・政策の台頭による産物として理解することができる，ということである。

1. テイラーの科学的管理と PM 論の成立
　まず，テイラーの科学的管理の提唱から PM 論の成立過程を取り上げる。テイラーは『科学的管理法』（原題：*Scientific Management*）において，経験に基づく工場労働者の作業を標準化させることで，合理的な経営の実現を目指した。もっとも，テイラーが科学的管理の提唱に至った真の目的は，労働者を機械のようにひたすら組織のために奉仕させるためではなく，むしろ労使双方の「精神革命」の実現にあった（三戸 2002, 51 頁）。

　ところが，テイラーの思惑とは裏腹に，科学的管理は労働組合から大きな反発を受けることとなる。その理由の中でも，特に重要なのがテイラーの科学的管理が，労働者の人間的要素を無視し，労働者を機械とみなしていたと批判された点である（岩出 1989, 12 頁）。ただし，先に述べたようにテイラー自身は，労使協調の実現を目指していたため，労働者を機械として捉え

ていたという指摘は些か一面的な批判的主張であるが，少なくとも当時の労働者や一部の研究者にとって，科学的管理は労働者の人間性を捉えられていなかったと認識されたという点を押さえておかねばならない。

　こうしたテイラーの科学的管理への批判が巻き起こる状況において，激しい労働組合運動への対応と，労働者の人間としての取り扱いを強調するなかで PM 論は誕生した（岩出 1989；奥林 1975）。したがって，PM 論はテイラーの科学的管理に対する批判的検討を嚆矢として誕生した学問分野であるといってよい。

2．人間関係論・行動科学の影響を受けた PM 論の隆盛

　テイラーの科学的管理に対する批判として誕生した PM 論は，その後，人間関係論および行動科学の影響を受けて更なる発展を遂げた。もっとも，それは，経営における新たな人間の捉え方を論じたものであるというよりも，むしろ，効率主義的な経営管理の実現を目指すものであったといえる。

　まず，人間関係論についてである。周知の通り，人間関係論は，メイヨーと F. レスリスバーガー（F. J. Roethlisberger）らが行った，いわゆるホーソン実験での知見をもとに構築された経営理論である。一般に，人間関係論は，「人間（労働者）を大切に扱わねばならない」とする人間主義的・温情主義的な経営思想であると理解される。

　だが，Rose（1999）が主張するように，人間関係論の影響を受けた PM 論は，心理学の知見を用いることで個人の能力・態度を計算可能にし，こうした個人の能力・態度と仕事・組織の生産性とを結びつけることによって，人間主義的・温情主義的な経営と効率主義的な経営の両方の実現を可能にすることを目指した。したがって，人間を経営上，役に立つ資源としてみなす考え方は，人間関係論の影響を受けた PM 論においても存在していたといえる。

　次に，行動科学についてである。行動科学とは，人間行動に関する一般的法則を発見するために科学的知識や技術を提供する学問領域のことを指す。こうした行動科学の影響を受けた研究者として，R. リッカート（R. Likert），C. アージリス（C. Argyris），A. マズロー（A. H. Maslow），D. マ

グレガー（D. M. McGregor），E. シャイン（E. H. Schein）などが挙げられる[3]。

　新人間関係論とも称される彼らも，人間主義的・温情主義的な特徴を有するが（貴島・福本・松嶋 2017），彼らと人間関係論者との違いは，労働者自身が自己をマネジメントする術について検討した点にある（Rose 1999, pp. 97-99，翻訳書，178-180 頁）。すなわち，自分自身で仕事の「やりがい」を見出し，職場での仕事を通じて，自己実現を達成するという人間観を提唱した点に，彼らの特徴が見出される。

　こうした自己実現人モデルとも呼ばれる人間観は，直接的な管理によってではなく，むしろ労働者自らの手によって彼（女）らを生産的な主体（つまり，組織にとって役に立つ主体）へと変容するように駆り立てる。つまり，もはやマネジャーらによる直接的な管理なしに，労働者は自らを経営上，役に立つ資源としてなるべく，振る舞うような人間観が提示されたのである。

3．PM から HRM へのパラダイム転換

　その後，1960 年代に入り，PM に代わる新たなパラダイムとして HRM が提唱される。HRM 研究者は，PM が労働者を「コスト」として捉えており，それゆえ人間性軽視であると批判し，そして，労働者を競争優位につながる経営資源として捉えるべきであると指摘した（Guest 1987；櫻井 2021）。

　こうした人間認識が主張された背景には，アメリカの経済支援政策の頭打ちと労働疎外の深刻化が存在しており，当時のアメリカで評価されていた，ベッカーらの労働経済学における人的資本理論と行動科学の理論を適用することによって，HRM パラダイムが定着していった（岩出 1989, 97-99 頁）。つまり，労働者を人的資源とみなすことによって，企業が労働者に対して教育・訓練投資を行うことの重要性と，企業にとって彼（女）らを有用な資源として尊重すべき必要性とが，一体として主張されるに至ったのである。

　また，人的資本理論に基づく人間観は，新自由主義思想とも大いに関係していることが指摘されている（Foucault 2008）。M. フーコー（M. Foucault）は，新自由主義思想の特徴の一つとして，「個々人に一種の経済

空間を割り当てて，その内部において個々人がリスクを引き受けそれに立ち向かうことができるようにすること」（Foucault 2008，翻訳書，178 頁）を取り上げる。こうした新自由主義思想と，自己を開発可能な資本として捉える人的資本理論の人間観が結びつくことによって，「自分自身に対する自分自身の資本，自分自身にとっての自分自身の生産者，自分自身にとっての［自分の］所得の源泉として」（Foucault 2008，翻訳書，278 頁，括弧内は原文），すなわち「自分自身の企業家」（Foucault 2008，翻訳書，278 頁）として人々は駆り立てられることとなる。

　労働者自身が，自らの手によって，より生産的な主体へと変容するという点は，先述の新人間関係論者による人間観に既に見られていたが，彼らとの違いは，人的資本理論に基づく人間観は市場での「競争性」をより強く意識している点にある。実際，HRM 論ないし戦略的 HRM 論では，人材の価値の向上を通じて，市場における競争優位の獲得が可能になるという主張が強調されている（Wright and McMahan 1992）。

　ここで注目すべきは，PM から HRM へとパラダイムが転換する際，人間の捉え方に関する哲学的な考察がなされたというよりも，むしろ，単にアメリカにおける目先の経済支援政策との関連から論じられたに過ぎず，そして，それが結果として新自由主義思想を肯定するための社会的言説として機能していたという点である（Fleming 2017）。加えて，先述した通り，こうした人的資源概念が社会に定着される以前に，既に経営学説において，人間を資源として捉える視座は潜在していたのであり，こうした潜在的視座が，新自由主義的思想・政策の影響を受けて，明示的に広まったのである。

4．人的資源概念が孕む問題点

　以上，経営学における人的資源概念の学説的検討を行ってきたが，人間を人的資源として捉えることには，いかなる問題点が存在するのか。本節では，この点について，次に示す二点をもとに考察する。

　第一に，労働者の役に立つ側面のみに焦点を当てることで，個人の能力・態度といった数値化可能な要素ばかりが取り上げられ（守島 2010），その結果として，労働者の内省や労働者同士の対話・相互行為といった数値化

しにくい側面が捨象されてしまう点である（Janssens and Steyaert 2009, p. 150）。これによって，労働者は単なる変数として捕捉されることになり，経営現象のリアリティに肉薄することが困難となる。

第二に，市場における競争性を強調する人的資源概念では，いかにして個人が組織内外の競争に打ち勝つかという点ばかりが重要視されることによって，利己主義的かつ個人主義的な人間観が全面的に現れてしまう点である。これによって，利己主義的かつ個人主義的な人間観では捉えきれない側面，すなわち相互依存性，友愛，自己犠牲，他者への献身といった「経営における協働」への着目がなされなくなってしまう。

もっとも，人的資源という語を提唱したとされるドラッカーは，人的資源の特性として，調整し，統合し，判断するという点を挙げ，かつ人間は道徳的，社会的，人格的存在としての性質を有することも指摘していたことを見逃してはならない（Drucker 1954）。だが，現代の HRM 論では前者の視点のみが強調され，後者の視点が明らかに希薄化しているのである（高橋 2015）。

Ⅲ．現代における人間の捉え方を再考する
――アカウンタビリティの問題と，その超克のための視座としての
リフレキシビティ――

本節では，先述の人的資源概念に対する批判を踏まえ，それに代わる人間の捉え方について検討する。もっとも，先述の通り，人間の捉え方が時代によって変化していることを踏まえれば，現代における人間の捉え方を考察するに先立って，現代社会が有する課題の把握が必要となる。例えば，村田（2023）は，企業文明の三つの課題として，人間性の衰滅，文化の対立，自然環境の問題の三点を挙げている。これらは，いずれも喫緊かつ重要な問題であると思われるが，ここでは，これらの社会問題に直面する人々の思考前提を固定化させ，かつ経営実務においても，学術界においても猛威を振るっているアカウンタビリティ（accountability）を取り上げたい（國部 2017）。

アカウンタビリティとは，資源の委託者と受託者との関係に生じる責任を

指す（國部 2017, 41 頁）。アカウンタビリティは，株主―経営者，上司―部下の関係など，社会の至るところで発生しており，我々はアカウンタビリティから多大な恩恵を受けて暮らしている。

　一方，アカウンタビリティには問題点も存在する。それは，本来無限であるはずの責任が有限化されてしまうこと（國部 2017, iv 頁），およびそれに伴って人々の間で数値に対する盲目的な信奉が巻き起こりかねないことである。なお，村田（2023）は，ホワイトヘッドの「具体性置き違いの誤謬」（相互に関係し合う有機体の本質を見誤ること）をもとに分析しているが，この点において，アカウンタビリティもまさにこの議論と関連しているといえる。

　例えば，多くの企業では現在，ダイバーシティ・マネジメントの推進が積極的に行われている[4]。だが，多くの場合，女性管理職者比率の数値目標を達成すること自体が，目的化してしまっているという指摘が存在する（船越 2021）。つまり，数値目標を達成しさえすれば，ステークホルダーに対して，ダイバーシティ・マネジメントを適切に行っているというアカウンタビリティを果たした，と考えられていることを示唆している[5]。

　人々の思考前提を固定化させるアカウンタビリティの問題を超克するために，本稿ではリフレキシビティという視座を提唱したい。ここでいう，リフレキシビティとは，「思考可能なものの境界を定め，思考をあらかじめ定めている思考されざる思考カテゴリー」を体系的に探査すること（Bourdieu and Wacquant 1992, 翻訳書，68 頁）と定義される。要するに，リフレキシビティとは，我々の思考の前提となっている事柄について，再検討することを指す。

　こうしたリフレキシビティを発揮する主体として人間を捉えることによって，人的資源概念による捉え方と一体いかなる相違が生まれるのであろうか。先ほども挙げたダイバーシティ・マネジメントの例で考えると，人的資源概念ではアカウンタビリティの影響のもと，組織における女性管理職者比率Ｘ％達成という目標を所与として，どうすればそれが達成できるか（達成できたか）を考え，実践することになる。

　翻って，リフレキシビティという視座から人間を捉えれば，組織成員は単

に女性管理職者の登用を増やそうとするだけでなく，女性管理職者比率の数
値目標を達成したことを，ダイバーシティ・マネジメントの達成とみなして
良いのか，そもそも多様性が大事だとされる考えは，どこから来ているのか，といった問いかけを自身にすることで，当初掲げていた目標そのものに
対して批判的な検討を行うこととなる。これに伴い，所与の目標を機械的に
達成しようとする人間（人的資源）とは異なる実践を捕捉することが可能と
なる。

Ⅳ．リフレキシブ経営学の樹立を目指して──むすびに代えて──

　本稿では，まずテイラーの科学的管理から HRM 論が成立するまでの学説
を検討し，これまで経営学ではどのように人間が捉えられてきたのかを確認
した。その上で，人的資源概念を批判的に吟味し，それに代わる人間の捉え
方としてリフレキシビティという概念を提唱した。

　本稿の意義は，経営学における人間の捉え方を再検討することによって，
経営学がいかなる前提のもとで人間を論じているのかについて明らかにした
点が挙げられる。こうした経営学の概念の諸前提を分析することは，経営学
という学問それ自体をリフレキシブに捉え直すことであり，ここではそうし
た学問的営為をリフレキシブ経営学（reflexive management studies）と呼
びたい。

　しばしば，経営学は「よいことを上手に成し遂げる方法を探求する学問で
ある」（加護野 2014, 238 頁）といわれるが，現在の経営学ではよいことに
ついて研究がなされることは，極めて稀になってきている。このことは，経
営学が，学問的前提を所与とし，主に実証研究の枠組みの中で，物事を効率
的に成し遂げる方法について探求していることを示唆していると思われる。

　他方，学問的・実務的にも，SDGs 経営[6]が注目されているように（上林・
小松編著 2022），経済合理性の追求から持続可能な社会の追求へと「資本主
義の精神」が移行しつつある現代では，経営（学）上の諸前提が今まさに
再検討を求められている状況にあり，社会・企業経営において何が「よい」
こととされてきた／いるのか，そして今後はどのように変わりうる／変わる

べきかについて，より深く議論する必要性があるといえよう。まさに，これからの経営学について検討する上で，リフレキシブ経営学の実践は重要である。

　最後に，残された課題として，本稿では，紙幅の都合上，人間をリフレキシビティという観点から捉えた際に付随する問題点について詳細に検討することができなかった点が挙げられる。前提を再考することよりも，実践に時間を費消せざるを得ない傾向にある実務家が，いかにして，この問題を超克できるのかについて，今後は検討する必要性がある。

注

1）本稿を作成する上で，指導教員の上林憲雄教授（神戸大学）には，多数のコメントをいただいた。心より感謝申し上げる。
2）本稿では，人間（性）を捉える上で，本質主義的な立場を措定せず，時代によって変化しうるとする相対主義的な立場を採用する。したがって，どの思想家ないし学説が「本当の人間（性）」を捉えていたのかという議論は避け，それぞれの時代・思想家・学説がどのように人間（性）を捉えてきたのか，そして，それがどのように変化したのかという点に焦点を当てる。
3）これらの研究者のうち，シャインは，これまでの経営理論における人間観を整理し，それらを統合した複雑人モデルを提唱している。こうした複雑人モデルは，人間の持つ多様性を表現することを成し得ているといえよう。しかしながら，「現実の人間は複雑である」との主張は，複雑な現実を抽象化して表現するというモデルの役割を放棄しているといわざるを得ない（辻村 2013, 209 頁）。
4）ここでダイバーシティ・マネジメントを例として挙げる理由は，この分野が女性や障がい者といったマイノリティ人材の登用を通じて，組織的業績を向上させるという仮定から，資源性という観点から人間を捉えていることが窺えるからである。
5）紙幅の関係上，経営学における数値化の問題については触れることができない。詳細については，松田（2023）を参照されたい。
6）SDGs 経営を，経済合理性の追求から持続可能性の追求への転換として捉えることの妥当性についての考察は，他日を期したい。

参考文献

Barnard, C. I. (1938), *The Functions of the Executive*, Cambridge, Harvard University Press.（山本安次郎・田杉競・飯野春樹訳『新訳　経営者の役割』ダイヤモンド社，1968 年。）

Becker, G. S. (1975), *Human Capital: A Theoretical and Empirical Analysis*, with Special Reference to Education, New York, NY: Columbia University Press.

Bolton, S. C. and Houlihan, M. (ed.) (2007), *Searching for the Human in Human Resource Management: Theory, Practice and Workplace Contexts*, Basingstoke, London: Palgrave Macmillan.

Bourdieu, P. and Wacquant, L. (1992), *An Invitation to Reflexive Sociology*, Chicago, US: University of Chicago Press.（水島和則訳『リフレクシヴ・ソシオロジーへの招待——ブルデュー，社会学を語る——』藤原書店，2007 年。）

Drucker, P. F. (1954), *The Practice of Management*, New York: NY, Harper & Row.（上田惇生訳『現代の経営（上・下）』ダイヤモンド社，2006 年。）

Fleming, P. (2017), "The Human Capital Hoax: Work, Debt and Insecurity in the Era of Uberization," *Organization Studies*, Vol. 38, No. 5, pp. 691-709.

Foucault, M. (2008), *The Birth of Biopolitics: Lectures at the Collège de France, 1978-79*, Basingstoke, London: Palgrave Macmillan.（慎改康之訳『生政治の誕生——コレージュ・ド・フランス講義——1978-1979 年度』筑摩書房，2008 年。）

Guest, D. (1987), "Human Resource Management and Industrial Relations," *Journal of Management Studies*, Vol. 24, No. 5, pp. 503-521.

Janssens, M. and Steyaert, C. (2009), "HRM and Performance: A Plea for Reflexivity in HRM Studies," *Journal of Management Studies*, Vol. 46, No. 1, pp. 143-155.

Rose, N. (1999), *Governing the Soul: The Shaping of the Private Self*, 2nd edition, London, UK: Free Association Books.（堀内進之介・神代健彦訳『魂を統治する——私的な自己の形成——』以文社，2016 年。）

Steyaert, C. and Janssens, M. (1999), "Human and Inhuman Resource Management: Saving the Subject of HRM," *Organization*, Vol. 6, No. 2, pp. 181-198.

Wright, P. M. and McMahan, G. C. (1992), "Theoretical Perspectives for Strategic Human Resource Management," *Journal of Management*, Vol. 18, No. 2, pp. 295-320.

岩出博（1989），『アメリカ労務管理論史』三嶺書房。

奥林康司（1975），『人事管理学説の研究』有斐閣。

加護野忠男（2014），『経営はだれのものか——協働する株主による企業統治再生——』日本経済新聞出版社。

上林憲雄（2021a），「日本の経営学が進む道」『日本経営学会誌』第 46 巻，60-68 頁。

上林憲雄（2021b），「人間はいかに捉えられてきたか——諸学問の特徴と人間をみる視点——」経営学史学会監修／上林憲雄編著『経営学と人間——私たちはどこへ向かうのか——（経営学史叢書第 II 期 第 3 巻 人間性）』文眞堂，1-20 頁。

上林憲雄・小松章編著（2022），『SDGs の経営学——経営問題の解決へ向けて——』千倉書房。

貴島耕平・福本俊樹・松嶋登（2017），「組織行動論の本流を見極める——人間関係論，組織開発，アクション・サイエンス——」『国民経済雑誌』第 216 巻第 2 号，31-55 頁。

國部克彦（2017），『アカウンタビリティから経営倫理へ——経済を超えるために——』有斐閣。

古林喜樂（1979），『経営労務論』千倉書房。

櫻井雅充（2021），『人材マネジメントとアイデンティティ——従業員の人材化とワーク・ライフ・バランス——』文眞堂。

高橋公夫（2015），「現代経営学の潮流と限界——これからの経営学——」経営学史学会編『現代経営学の潮流と限界——これからの経営学——（経営学史学会年報 第 22 輯）』文眞堂，11-22 頁。

高橋哲也（2021），「組織の中の個人——行動科学の発展——」経営学史学会監修／上林憲雄編著『経営学と人間——私たちはどこへ向かうのか——（経営学史叢書第 II 期 第 3 巻 人間性）』文眞堂，128-148 頁。

辻村宏和（2013），「その後の人間関係論」経営学史学会監修／吉原正彦編著『メイヨー＝レスリスバーガー——人間関係論——（経営学史叢書 第 III 巻）』文眞堂，182-194 頁。

船越多枝（2021），『インクルージョン・マネジメント——個と多様性が活きる組織——』白桃書房。

松田健（2023），「数値化する世界——経営学小考——」経営学史学会編『多面体としての経営学（経営学史学会年報 第 30 輯）』文眞堂，9-21 頁。

三戸公（2002），『管理とは何か——テイラー，フォレット，バーナード，ドラッカーを超えて——』

　　文眞堂。

三戸公（2004），「人的資源管理論の位相」『立教経済学研究』第 58 巻第 1 号，19-34 頁。

村田晴夫（2023），『文明と経営』文眞堂。

守島基博（2010），「社会科学としての人材マネジメント論へ向けて」『日本労働研究雑誌』第 52 巻
　　第 7 号，69-74 頁。

第 V 部
文　　献

ここに掲載の文献一覧は，第Ⅱ部の統一論題論文執筆者
が各自のテーマの基本文献としてリストアップしたもの
を，年報編集委員会の責任において集約したものである。

1 現代資本主義における経営課題
——「エージェンシー問題」から「協力問題」へ——

外国語文献

1 Berle, A. A. and Means, G. C. (1982), *The Modern Corporation and Private Property*, Buffalo, NY: William S. Hein & Co., Inc. (original edition 1932, Macmillan) (森杲訳『現代株式会社と私有財産』北海道大学出版会，2014 年。)

2 Jensen, M. C. (2000), *A Theory of the Firm: Governance, Residual Claims, and Organizational Forms*, Cambridge, MA: Harvard University Press.

3 Kocka, J. (2014), *Geschichte des Kapitalismus*, 2. München: Auflage, C. H. Beck. (山井敏章訳『資本主義の歴史——起源・拡大・現在——』人文書院，2018 年。)

4 Veblen, T. (1958), *The Theory of Business Enterprise*, New York, NY: The New American Library (original edition 1904, Charles Scribner's Sons) (小原敬士訳『企業の理論』勁草書房，1965 年。)

日本語文献

1 岡本裕一朗 (2021), 『ポスト・ヒューマニズム——テクノロジー時代の哲学入門——』NHK 出版。

2 経営学史学会監修／三戸浩編著 (2013), 『バーリ＝ミーンズ（経営学史叢書第 V 巻)』文眞堂。

3 斎藤幸平 (2020), 『人新世の「資本論」』集英社。

4 盛山和夫 (2021), 『協力の条件——ゲーム理論とともに考えるジレンマの構図——』有斐閣。

2 これからの資本主義と経営目的
——個別資本の 3 循環と目標管理経営——

外国語文献

1 Drucker, P. F. (1950), *The New Society: The Anatomy of the Industrial*

　　　Order, New York, NY: Harper & Brothers.（現代経営研究会訳『新し
　　　い社会と新しい経営』ダイヤモンド社，1957年；村上恒夫訳『新しい
　　　社会と新しい経営』ダイヤモンド社，1972年。）

2　Drucker, P. F. (1954), *The Practice of Management*, New York, NY: Harper
　　　& Row.（野田一夫監修・現代経営研究会訳『現代の経営』ダイヤモン
　　　ド社，1965年；上田惇生訳ドラッカー名著集『現代の経営』ダイヤモ
　　　ンド社，2006年，他。）

3　Drucker, P. F. (1974), *Management: Tasks, Responsibilities, Practices*, New
　　　York, Harper & Row.（野田一夫・村上恒夫監訳・風間禎三郎・久野
　　　桂・佐々木実智男・上田惇生訳『マネジメント――課題・責任・実践――
　　　（上・下）』ダイヤモンド社，1974年，他。）

4　Lemann, N. (2020), *Transaction Man: Traders, Disrupters, and Dismantling
　　　of Middle-Class America*, New York, NY: Picador USA.（薮下史郎・
　　　川島睦保訳『マイケル・ジェンセンとアメリカ中産階級の解体――エー
　　　ジェンシー理論の光と影――』日経BP，2021年。）

5　Marx, K. (1867, 1885, 1894), *Das Kapital* I, II, III.（向坂逸郎訳『資本論』岩
　　　波文庫，1969-1970年；マルクス・エンゲルス全集刊行委員会訳『資本
　　　論』大月書店，1982年。）

6　Rhodes, C. (2022), *Woke Capitalism: How Corporate Morality is Sabotaging
　　　Democracy*, Bristol, UK: Bristol University Press.（庭田よう子訳
　　　『WOKE CAPITALISM――「意識高い系」資本主義が民主主義を滅ぼ
　　　す――』東洋経済新報社，2023年。）

7　Schwab, K. (2021), *Stakeholder Capitalism: A Global Economy that Workers
　　　for Progress, People and Planet*, Hoboken, NJ, John Wiley & Sons.
　　　（藤田正美・チャールズ清水・安納令奈訳『ステークホルダー資本主義
　　　――世界経済フォーラムが説く，80億人の希望の未来――』日経ナショ
　　　ナルジオグラフィック，2022年。）

8　Simon, H. A. (1945, 1947, 1957, 1976, 1997), *Administrative Behavior*, New
　　　York, NY: Macmillan (Free Press).（松田武彦・高柳暁・二村敏子訳
　　　『経営行動――経営組織における意思決定プロセスの研究――』ダイヤモ
　　　ンド社；二村敏子・桑田耕太郎・高尾義明・西脇暢子・高柳美香訳『新
　　　版　経営行動――経営組織における意思決定過程の研究――』ダイヤモン
　　　ド社，2009年。）

日本語文献

1 柄谷行人（2022），『力と交換様式』岩波書店。
2 副田満輝（1980），『マルクス疎外論研究』文眞堂。
3 高田馨（1978），『経営目的論』千倉書房。
4 高田馨（1987），『経営学の対象と方法——経営成果原理の方法論的省察——』千倉書房。
5 高橋公夫（2021），『経営学史と現代——新たな＜断絶の時代＞——』文眞堂。
6 中西寅雄（1936），『経営経済学』日本評論社。
7 長谷川直哉（2021），『SDGsとパーパスで読み解く責任経営の系譜』文眞堂。
8 馬場克三（1957），『個別資本と経営技術』有斐閣。
9 三戸公（1959，1968），『個別資本論序説』森山書店。
10 三戸公（1966），『経営学講義』未来社。
11 三戸公（1973），『官僚制——現代における論理と倫理——』未来社。
12 藻利重隆（1956），『経営学の基礎』森山書店。

3 科学的管理は「資本主義的生産様式のあからさまな表現」か？

外国語文献

1 Akin, W. E. (1977), *Technocracy and the American Dream: The Technocrat Movement, 1900–1941*, Berkeley and Los Angeles, CA: University of California Press.
2 Braverman, H. (1974), *Labor and Monopoly Capital: The Degradation of Work in the Twentieth Century*, New York, NY: Monthly Review Press. (富沢賢治訳『労働と独占資本——20世紀における労働の衰退——』岩波書店，1978年。)
3 Brown, P., Lauder, H. and Ashton, D. (2011), *The Global Auction: The Broken Promises of Education, Jobs, and Incomes*, New York, NY: Oxford University Press.
4 Haber, S. (1964), *Efficiency and Uplift: Scientific Management in the Progressive Era 1880–1920*, Chicago, Ill: The University of Chicago Press. (小林康助・今川仁視訳『科学的管理の生成と発展』広文社，1983年。)
5 Layton, E. T., Jr. (1971), *The Revolt of the Engineers: Social Responsibility and the American Engineering Profession*, Cleveland, OH: The Press

of Case Western Reserve University.

6　Merkle, J. A. (1980), *Management and Ideology: The Legacy of the International Scientific Management Movement*, Berkeley and Los Angeles, CA: University of California Press.

7　Nadworny, M. J. (1955), *Scientific Management and the Unions, 1900-1932: A Historical Analysis*, Cambridge, MA: Harvard University Press.（小林康助訳『新版　科学的管理と労働組合』広文社，1977年。）

8　Taylor, F. W. (1947), *Scientific Management*, New York, NY: Harper & Brothers Publishers.（上野陽一訳『科学的管理法』産業能率大学出版部，1969年。）

日本語文献

1　石村善助 (1969)，『現代のプロフェッション』至誠堂。

2　奥林康司 (1973)，『人事管理論——アメリカにおける1920年代の企業労務の研究——』千倉書房。

3　島弘 (1979)，『科学的管理法の研究〔増補版〕』有斐閣。

4　副田満輝 (1977)，『経営労務論研究』ミネルヴァ書房。

5　中川誠士 (1992)，『テイラー主義生成史論』森山書店。

6　中西寅雄 (1931)，『経営経済学』日本評論社。

7　馬場克三 (1966)，『経営経済学』税務経理協会。

8　廣瀬幹好 (2019)，『フレデリック・テイラーとマネジメント思想』関西大学出版部。

9　笛木正治 (1958)，『科学的管理』日本経済新聞社。

10　向井武文 (1970)，『科学的管理の基本問題』森山書店。

4　「経営（者育成）教育」学派を確立する意義
—— "8番目の課題性"「育成（指導）性」の可否 ——

外国語文献

1　Barnes, L. B., Christensen, R. and Hansen, A. J. (1994), *Teaching and the Case Method: Text, Cases, and Readings*, 3rd ed., Cambridge, MA: Harvard Business School Press.（高木晴夫訳『ケース・メソッド教授法——世界のビジネス・スクールで採用されている——』ダイヤモンド社，2010年。）

2　Barnard, C. I. (1938), *The Functions of the Executive*, Cambridge, MA: Harvard University Press.（山本安次郎・田杉競・飯野春樹訳『新訳 経営者の役割』ダイヤモンド社，1968年。）

3　Ellet, W. (2007), *The Case Study Handbook*, Cambridge, MA: Harvard Business School Press.（斎藤聖美訳『入門　ケース・メソッド学習法——世界のビジネス・スクールで採用されている——』ダイヤモンド社，2010年。）

日本語文献

1　齊藤毅憲 (1981)，『現代日本の大学と経営学教育』成文堂。

2　坂井正廣 (1996)，『経営学教育の理論と実践——ケース・メソッドを中心として——』文眞堂。

3　竹内毅 (2009)，『経営と西田哲学——事実より真実を求める経営学——』文眞堂。

4　辻村宏和 (2001)，『経営者育成の理論的基盤——経営技能の習得とケース・メソッド——』文眞堂。

5　三上富三郎 (1976)，『新版　経営診断学〈第2版〉』東京教学社。

6　村本芳郎 (1982)，『ケース・メソッド経営教育論』文眞堂。

7　山城章 (1960)，『実践経営学』同文舘出版。

8　山城章 (1970)，『経営原論』丸善。

9　山本安次郎 (1966)，『経営学要論　増補版』ミネルヴァ書房。

5　フランスの社会的連帯経済と欧州の動向

外国語文献

1　Boltanski, L. and Chiapello, E. (1999), *Le nouvel esprit du capitalisme*, Paris, Gallimard.（三浦直希ほか訳『資本主義の新たな精神（上・下）』ナカニシヤ出版，2013年。）

2　Defourny, J. and Monzon-Campos, J. L. (eds) (1992), *Économie sociale: Entre économie capitaliste et économie publique, The Third Sector: Cooperatives, Mutual and Nonprofit Organizations*, Bruxelles, De Boeck-Wesmael.（富沢賢治ほか訳『社会的経済——近未来の社会経済システム——』日本経済評論社，1995年。）

3　Eme, B. and Laville, J. L. (1988), *Les petits boulots en question*, Syros, Paris.

4　Evers, A. and Laville, J.-L. (eds.) (2004), *The Third Sector in Europe*, Cheltenham, Edward Elgar.（内山哲朗・柳沢敏勝訳『欧州サードセクター——歴史・理論・政策——』日本経済評論社，2007 年。）

5　Laville, J.-L. (2007), *L'économie solidaire: Une perspective internationale*, Paris, Hachette Littératures.（北島健一他訳『連帯経済　その国際的射程』生活書院，2012 年。）

6　Laville, J.-L. and Coraggio, J. L. (dir.) (2016), *Les Gauches Du XXIe Siècle: Un Dialogue Nord-Sud*, Lormont, Le bord de l'eau.（中野佳裕編訳『21世紀の豊かさ——経済を変え，真の民主主義を創るために——』コモンズ，2016 年。）

7　Lipietz, A. (2001), *Pour le tiers secteur: l'économie sociale et solidaire: pourquoi et comment*, Paris, La Découverte.（井上泰夫訳『サードセクター——「新しい公共」と「新しい経済」——』藤原書店，2011 年。）

日本語文献

1　立見淳哉・長尾謙吉・三浦純一編 (2021)，『社会連帯経済と都市——フランス・リールの挑戦——』ナカニシヤ出版。
2　西川潤 (2007)，『連帯経済——グローバリゼーションへの対案——』明石書店。
3　幡谷則子編 (2019)，『ラテンアメリカの連帯経済——コモン・グッドの再生をめざして——』上智大学出版。
4　廣田裕之 (2016)，『社会的連帯経済入門——みんなが幸せに生活できる経済システムとは——』集広舎。
5　藤井敦史編著 (2022)，『社会的連帯経済——地域で社会のつながりをつくり直す——』彩流社。

第Ⅵ部
資　　料

経営学史学会第31回全国大会実行委員長の挨拶

岩　田　　浩

　経営学史学会第31回大会は，2023年5月26日（金）から28日（日）の日程で，龍谷大学（深草）を大会本部校として開催されました。今回の大会は，ウイズコロナの兆しを受け対面で実施したいところではありましたが，プログラム案の企画段階では依然として感染者数が高止まり状態であったことから，安全面を考慮して昨年に続きオンラインでの開催といたしました。

　さて，今大会は統一論題として「現代資本主義のゆくえと経営」が掲げられました。そこには，ここ数年来，人類が向き合ってきた未曾有の「パンデミック」の脅威に加え，現下の「地政学的リスク」の急激な高まりによって，世界の政治ならびに経済の足元が大きく揺らいでいる現状を踏まえ，企業活動の基を成す経済体制としての資本主義の行く末を経営学史的視点から改めて俯瞰的に考察しようという趣旨が込められています。統一論題は，初日に梶脇裕二会員による基調講演が行われ，その午後に高橋公夫会員と中川誠士会員，そして翌日の午後に辻村宏和会員と山口隆之会員，計4つの報告が行われました。今大会では，総括的なシンポジウムを実施せず，その分セッションの時間を比較的長めに設定したため，各報告とも討論者や質問者との間でよりインテンシブな議論が展開できたように思いました。

　大会2日目の午前には，5名の会員（林徹会員，髙山直会員，米田晃会員，浅井希和子会員，藤川なつこ会員）による自由論題の報告が行われました。また，初日の午前には昨年に続きワークショップを開催しました。今回は「国際学会で研究発表する」というテーマで，ファシリテーター兼報告者の磯村和人会員の進行の下，間嶋崇会員，高尾義明会員の報告を中心に活発な議論が交わされました。

　こうして大会を大きなトラブルもなく無事終えられたのも，準備段階より熱心にご支援いただいた運営委員の先生方を始め，多くの方々がご協力いた

だいたおかげです。特に，松田健会員には大会当日の運営にも立ち会っていただき大変お世話になりました。この場を借り，心より御礼申し上げます。

第31回全国大会を振り返って

山　下　　剛

　経営学史学会第31回全国大会は，2023年5月26日（金），5月27日（土），5月28日（日）に，龍谷大学を事務局としてオンラインで開催された。

　今大会は「現代資本主義のゆくえと経営」を統一論題として，現代にいたるまでの資本主義の変容を踏まえながら，さまざまな角度から経営の諸側面へのアプローチがなされた。まず梶脇裕二会員による基調報告「『現代資本主義のゆくえと経営』を考える」において，ヴェブレン，バーリ＝ミーンズ，エージェンシー理論を踏まえて，資本主義の変容と，これからの資本主義，今後の経営のあり方が示された。これを踏まえた統一論題報告では，第一報告において高橋公夫会員が，個別資本の3循環の新たな理解に立った現代資本主義の把握とこれからの経営における「経営目的」の重要性が示され，第二報告で中川誠士会員が，テイラー『科学的管理の原理』のASME掲載をめぐる状況についての丹念な文献調査を基に，科学的管理生成の背景には資本主義よりもテイラーのプロフェッショナリズムがあったことが示され，また第三報告で辻村宏和会員が，経営学のあり方の一つの方向性としての経営教育学（ないし経営者育成教育論）およびそれを展開していく具体的な筋道を示され，第四報告で山口隆之会員が，フランスの社会的連帯経済の本質と動向およびその企業経営や社会に対する含意を示された。いずれの報告においても討論者からの質問も踏まえて活発な議論が行われた。

　また，今大会では，前大会に引き続き，ワークショップが設定された。今年度は「国際学会で研究発表する」をテーマとし，報告者から，さまざまな苦労はあるが，ぜひ国際学会で研究発表すべきことが語られ，活発に意見交換がなされた。自由論題報告としては，3会場で5つの報告が行われた。いずれも充実した報告と質疑応答があり，各報告において，フォレットの統合概念，Artificialの概念，生産性の概念，信頼の概念，人的資源概念と，い

ずれも「概念」の検討が行われたことは，他学会には見られない経営学史学会ならではの感を強く抱かせるものであった。

　今大会は，結果的には，一昨年，昨年に引き続いて3大会連続でのオンライン開催となったが，2020年にCovid-19によって引き起こされた世界的なパンデミックも，日本において2023年3月にマスク着用の考え方が緩和され，5月の新型コロナウィルス感染症の5類感染症への移行にともなって，終息に向かいつつあること，したがって「コロナ前」の生活が戻っていることが実感されつつある中での開催であった。大会2日目の最後に行われた会員総会では，来年度の大会が石巻専修大学で，またいよいよ4年ぶりに対面で開催されることが報告されたが，誰もが大きな期待を寄せる大会になるのは疑いない。

　基調報告・統一論題報告会場に最大で50名，各自由論題報告会場に20～30名が全国から参加する，非常に充実した大会を作り上げられた，大会実行委員長岩田浩会員，事務局を担われた梶脇裕二会員はじめ皆様に感謝申し上げます。

　なお，第31回全国大会のプログラムは次の通りである。

　　　　2023年5月27日（土）
【開会・基調報告】
　10：30～11：05　開会の辞：第31回全国大会実行委員長　岩田　浩（龍
　　　　　　　　　　　　　谷大学）
　　　　　　　　　基調報告：梶脇裕二（龍谷大学）
　　　　　　　　　論　題：「『現代資本主義のゆくえと経営』を考える――
　　　　　　　　　　　　　資本主義の変化をみながら――」
　　　　　　　　　司会者：藤井一弘（青森公立大学・経営学史学会理事
　　　　　　　　　　　　　長）

【ワークショップ】（報告20分×3，質疑応答・討論30分）
　11：10～12：40　テーマ：「国際学会で研究発表する」
　　　　　　　　　ファシリテーター：磯村和人（中央大学）

報告者：間嶋　崇（専修大学）

報告者：高尾義明（東京都立大学）

報告者：磯村和人（中央大学）

【統一論題1】（報告 30 分 × 2，討論 15 分 × 2，質疑応答 40 分 × 2）

司会者：坂本雅則（龍谷大学）

13：30〜14：55　第一報告

報告者：高橋公夫（関東学院大学）

論　題：「これからの資本主義と経営目的――個別資本の
3 循環と目標管理経営――」

討論者：上林憲雄（神戸大学）

15：05〜16：30　第二報告

報告者：中川誠士（福岡大学）

論　題：「科学的管理は『資本主義的生産様式のあから
さまな表現』か？」

討論者：高橋哲也（日本大学）

【会員総会】

16：40〜17：40

2023 年 5 月 28 日（日）

【自由論題】（報告 25 分，質疑応答 30 分）

A 会場

9：30〜10：25　報告者：林　　徹（長崎大学）

「フォレットの後続研究――バーナードとワイク――」

チェアパーソン：西村香織（九州産業大学）

10：35〜11：30　報告者：浅井希和子（園田学園女子大学）

「『"Artificial" の科学』の現代的意義――H. A. Simon
のシステム論再考――」

チェアパーソン：山下　剛（北九州市立大学）

B 会場

　9：30〜10：25　報告者：髙山　直（北陸大学）

　　　　　　　　　「経営学における生産性概念と豊かさをめぐる批判的

　　　　　　　　　　検討——脱成長社会と節度ある豊かさへ向けて——」

　　　　　　　　チェアパーソン：藤沼　司（青森公立大学）

　10：35〜11：30　報告者：藤川なつこ（神戸大学）

　　　　　　　　　「組織化における信頼の機能と逆機能——リスクの生産

　　　　　　　　　　と分配の視点から——」

　　　　　　　　チェアパーソン：柴田　明（慶應義塾大学）

C 会場

　9：30〜10：25　報告者：米田　晃（神戸大学大学院）

　　　　　　　　　「人的資源概念の批判的検討——Reflexive Management

　　　　　　　　　　Studies へ向けて——」

　　　　　　　　チェアパーソン：山縣正幸（近畿大学）

【統一論題 2】（報告 30 分 × 2，討論 15 分 × 2，質疑応答 40 分 × 2）

　　　　　　　　　司会者：石嶋芳臣（北海学園大学）

　12：30〜13：55　第三報告

　　　　　　　　　報告者：辻村宏和（中部大学）

　　　　　　　　　論　題：「『経営（者育成）教育』学派を確立する意義

　　　　　　　　　　　　　——"8 番目の課題性"「育成（指導）性」の可

　　　　　　　　　　　　　否——」

　　　　　　　　　討論者：三井　泉（園田学園女子大学）

　14：05〜15：30　第四報告

　　　　　　　　　報告者：山口隆之（関西学院大学）

　　　　　　　　　論　題：「フランスの社会的連帯経済と欧州の動向」

　　　　　　　　　討論者：風間信隆（明治大学）

【大会総括・閉会】

　15：35〜15：40　大会総括：経営学史学会理事長　藤井一弘（青森公立大

学）

閉会の辞：第 31 回全国大会実行委員長　岩田　浩（龍
谷大学）

執筆者紹介（執筆順，肩書には大会後の変化が反映されている）

梶　脇　裕　二（龍谷大学教授）

　　　　　主著『ドイツ一般経営学史序説――経営学の本質を求めて――』同文舘出版，2009
　　　　　年

　　　主要論文「経営学史研究の意義を探って――実践性との関連で――」経営学史学会編
　　　　　『経営学史研究の挑戦（経営学史学会年報　第 25 輯）』文眞堂，2018 年

高　橋　公　夫（関東学院大学名誉教授）

　　　　　主著『経営学史と現代――新たな＜断絶の時代＞――』文眞堂，2021 年

　　　主要論文「日本的企業統治の『戦時期源流説』批判」経営哲学学会編『経営哲学とは
　　　　　何か』文眞堂，2003 年

中　川　誠　士（福岡大学教授）

　　　　　主著『テイラー主義生成史論』森山書店，1992 年

　　　主要論文 "Scientific Management and Japanese Management, 1910-1945," Spender,
　　　　　J.-C. and Kijne, Hugo (eds.), *Scientific Management, Frederick Winslow*
　　　　　Taylor's Gift to the World?, Kluwer Academic Publishers, 1996

辻　村　宏　和（中部大学名誉教授）

　　　　　主著『経営者育成の理論的基盤――経営技能の習得とケース・メソッド――』文眞
　　　　　堂，2001 年

　　　主要論文「『経営（者育成）教育』論の到達点と進化――中心的仮説と MA 概念規定
　　　　　の拡充――」『経営情報学部論集（中部大学）』第 36 巻第 1-2 号，2022 年

山　口　隆　之（関西学院大学教授）

　　　　　主著『中小企業の理論と政策――フランスにみる潮流と課題――』森山書店，2009
　　　　　年

　　　主要論文「近年のフランスにおける中堅企業を巡る議論：その特徴とわが国へのイン
　　　　　プリケーション」商工組合中央金庫編『商工金融』第 65 巻第 2 号，2015
　　　　　年

磯　村　和　人（中央大学教授）
_{いそ　むら　かず　ひと}

　　主著　*Chester I. Barnard: Innovator of Organization Theory*, Springer, 2023
　　　　　Translating and Incorporating American Management Thought into
　　　　　Japan: Impacts on Academics and Practices of Business Administration
　　　　　（共編著），Springer, 2022

間　嶋　　崇（専修大学教授）

　　主著　『組織不祥事』文眞堂，2007 年
　　主要論文「生成する組織の倫理：ナラティヴが切り拓く新たな視点」（共著）『経営哲
　　　　　　学』第 12 巻第 2 号，2015 年

高　尾　義　明（東京都立大学大学院教授）

　　主著　『ジョブ・クラフティング──仕事の自律的再創造に向けた理論的・実践的
　　　　　アプローチ──』（共編著）白桃書房，2023 年
　　主要論文「個人・組織の創造性からシステム創造性へ」経営学史学会監修／桑田耕太
　　　　　　郎編著『創造する経営学（経営学史叢書第Ⅱ期 第 7 巻 創造性)』文眞堂，
　　　　　　2023 年

林　　　徹（長崎大学教授）

　　主著　『協働の経営学（第 2 版）』中央経済社，2021 年
　　　　　『モノポリーで学ぶビジネスの基礎（第 3 版）』中央経済社，2023 年

米　田　　晃（神戸大学大学院経営学研究科博士課程後期課程）

　　主要論文「人的資源管理論の方法論研究──リフレクションとリフレキシビティによ
　　　　　　る新たな人間像──」『神戸大学大学院経営学研究科修士論文』2023 年
　　　　　　「方法論をつくり直す──経営学における方法論研究の現状と展望につい
　　　　　　て──」『六甲台論集』第 69 巻第 3・4 号，2023 年

経営学史学会年報掲載論文（自由論題）審査規定

1 本審査規定は本学会の年次大会での自由論題報告を条件にした論文原稿を対象とする。

2 編集委員会による形式審査

原稿が著しく規定に反している場合，編集委員会の責任において却下することができる。

3 査読委員の選定

査読委員は，原稿の内容から判断して適当と思われる会員2名に地域的バランスも考慮して，編集委員会が委嘱する。なお，大会当日の当該報告のチェアパーソンには査読委員を委嘱しない。また会員に適切な査読委員を得られない場合，会員外に査読委員を委嘱することができる。なお，原稿執筆者と特別な関係にある者（たとえば指導教授，同門生，同僚）には，査読委員を委嘱できない。

なお，査読委員は執筆者に対して匿名とし，執筆者との対応はすべて編集委員会が行う。

4 編集委員会への査読結果の報告

査読委員は，論文入手後速やかに査読を行い，その結果を30日以内に所定の「査読結果報告書」に記入し，編集委員会に査読結果を報告しなければならない。なお，報告書における「論文掲載の適否」は，次のように区分する。

①**適**：掲載可とするもの。

②**条件付き適**：条件付きで掲載可とするもの。査読委員のコメントを執筆者に返送し，再検討および修正を要請する。再提出された原稿の修正確認は編集委員会が行う。

③**再査読**：再査読を要するもの。査読委員のコメントを執筆者に返送し，再検討および修正を要請する。再提出された原稿は査読委員が再査読し，判断する。

④**不適**：掲載不可とするもの。ただし，他の1名の評価が上記①〜③の場合，査読委員のコメントを執筆者に返送し，再検討および修正を要請する。再提出された原稿は査読委員が再査読し，判断する。

なお，再査読後の評価は「適（条件付きの場合も含む）」と「不適」の2つ

とする。また，再査読後の評価が「不適」の場合，編集委員会の最終評価は，「掲載可」「掲載不可」の２つとするが，再査読論文に対して若干の修正を条件に「掲載可」とすることもある。その場合の最終判断は編集委員会が行う。

5　原稿の採否

　編集委員会は，査読報告に基づいて，原稿の採否を以下のようなルールに従って決定する。

①査読委員が２名とも「適」の場合は，掲載を可とする。

②査読委員１名が「適」で，他の１名が「条件付き適」の場合は，修正原稿を編集委員会が確認した後，掲載を可とする。

③査読委員１名が「適」で，他の１名が「再査読」の場合は，後者に修正原稿を再査読するよう要請する。その結果が「適（条件付きの場合を含む）」の場合は，編集委員会が確認した後，掲載を可とする。「不適」の場合は，当該査読委員がそのコメントを編集委員会に提出し，編集委員会が最終判断を行う。

④査読委員が２名とも「条件付き適」の場合は，修正原稿を編集委員会が確認した後，掲載を可とする。

⑤査読委員１名が「条件付き適」で，他の１名が「再査読」の場合は，後者に修正原稿を再査読するよう要請する。その結果が「適（条件付きの場合を含む）」の場合は，編集委員会が前者の修正点を含め確認した後，掲載を可とする。「不適」の場合は，当該査読委員がそのコメントを編集委員会に提出し，編集委員会が最終判断を行う。

⑥査読委員が２名とも「再査読」の場合は，両者に修正原稿を再査読するよう要請する。その結果が２名とも「適（条件付きの場合を含む）」の場合は，編集委員会が確認した後，掲載を可とする。１名あるいは２名とも「不適」の場合は，当該査読委員がそのコメントを編集委員会に提出し，編集委員会が最終判断を行う。

⑦査読委員１名が「条件付き適」で，他の１名が「不適」の場合は，後者に修正原稿を再査読するよう要請する。その結果が「適（条件付きの場合を含む）」の場合は，編集委員会が前者の修正点を含め確認した後，掲載を可とする。「不適」の場合は，当該査読委員がそのコメントを編集委員会に提出し，編集委員会が最終判断を行う。

⑧査読委員１名が「再査読」で，他の１名が「不適」の場合は，両者に修正原稿を再査読するよう要請する。その結果が２名とも「適（条件付きの場合を

含む）」の場合は，編集委員会が確認した後，掲載を可とする。1名あるいは
2名とも「不適」の場合は，当該査読委員がそのコメントを編集委員会に提出
し，編集委員会が最終判断を行う。

⑨査読委員1名が「適」で，他の1名が「不適」の場合は，後者に修正原稿を
再査読するよう要請する。その結果が「適（条件付きの場合を含む）」の場合
は，編集委員会が確認した後，掲載を可とする。「不適」の場合は，当該査読
委員がそのコメントを編集委員会に提出し，編集委員会が最終判断を行う。

⑩査読委員が2名とも「不適」の場合は，掲載を不可とする。

6　執筆者への採否の通知

編集委員会は，原稿の採否，掲載・不掲載の決定を，執筆者に文章で通知す
る。

経営学史学会

年報編集委員会

編集後記

　このたび経営学史学会年報第31輯『現代資本主義のゆくえと経営』を刊行することができた。過去30回の全国大会とそれに伴う年報の発行も30輯を超えることとなったが，意外なことに「資本主義」をテーマに盛り込んだ大会は，経営学史学会では初めてのことであった。無限の拡大・成長を想起させる「資本主義」という枠組みが，現代社会に生きるわれわれにとっては隅々まで浸透しきった当たり前の価値になってしまい，ことさら学会のテーマとして取り上げるまでには至らなかったからなのか。それとも，「資本主義」とりわけ20世紀に確立してくる資本の無限なる増殖を可能とする「近代資本主義」システムに対して，経営学ではもはや太刀打ちできないところまできてしまったからなのか。

　人類史的にみれば200年足らずのわずかな期間に，世界を覆い尽くす強靭な価値となった「近代資本主義」であるが，その背景に近代科学技術との関係性を見逃すことはできない。両者の相補的な発展によって，様々な生命体や文化の多様性を均質化することには成功したかもしれない。しかし，そこから惹起してくる諸課題に経営学はどこまで立ち向かうことができるのか。「新しい資本主義」や「ポスト資本主義」といった，新たな社会システムを展望する前に，歴史学としての経営学が「近代資本主義」を自省的に把握することは可能なのか，現代資本主義の分岐点にある今どこまでそれに対峙できるのか，本書の論攷を通じて読者が思慮を巡らすことになることを期待したい。

　最後に第31輯刊行に向けて，基調報告論文，統一論題論文および自由論題論文の執筆要項の一部改定を行った。とりわけ「文献」の部に掲載される洋書・和書の基本文献一覧は，本年報の学術的価値を示す重要な部となっており，今回の改定で表記の統一を図ることができるように努めた。第31輯執筆者各位および査読者の会員諸氏には，修正にご対応いただきあらためてお礼を申し上げたい。

（河邉　純　記）

THE ANNUAL BULLETIN

of

The Society for the History of Management Theories

No. 31   May, 2024

The Future of Modern Capitalism and Management

Contents

Preface   Kazuhiro FUJII (Aomori Public University)

I   **Meaning of the Theme**

II   **The Future of Modern Capitalism and Management**

1   Issues of the Business Firms in Modern Capitalism: From the "Agency Problem" to the "Cooperation Problem"
                          Yuji KAJIWAKI (Ryukoku University)

2   Capitalism in the Future and Business Purpose: Three Circulations of Individual Capital and Management by Objectives
                          Kimio TAKAHASHI (Kanto Gakuin University)

3   Is Scientific Management "the Explicit Verbalization of the Capitalist Mode of Production"?
                          Seishi NAKAGAWA (Fukuoka University)

4   The Significance of Management Education School for Bringing up Managers: The 8th Issue in Management Theory History
                          Hirokazu TSUJIMURA (Chubu University)

5   The Nature of the Social and Solidarity Economy and its Trends on EU Policy: Implications for the Theory and Practice of Management
                          Takayuki YAMAGUCHI (Kwansei Gakuin University)

III Workshop

6 Giving a Presentation at an International Conference

Kazuhito ISOMURA (Chuo University)

Takashi MAJIMA (Senshu University)

Yoshiaki TAKAO (Tokyo Metropolitan University)

IV Other Themes

7 On Coping with Differences: A Comparison between Mary P. Follett and Chester I. Barnard

Toru HAYASHI (Nagasaki University)

8 A Critical Analysis of the Concept of Human Resource: Toward Reflexive Management Studies

Ko YONEDA (Kobe University)

V Literatures

VI Materials

Abstracts

Issues of the Business Firms in Modern Capitalism: From the "Agency Problem" to the "Cooperation Problem"

Yuji KAJIWAKI (Ryukoku University)

Has capitalism enriched our lives? In the 1990s, the superiority of capitalism which is based on the freedom and democracy was especially emphasized. Most people believed that the utilization of a market economy was the requirement for the social prosperity and world peace. But the rapid expansion of the market economy in the world brought on the serious currency and financial crises since 1990s. So these crises caused a state of confusion. For those reasons, this has led to growing our anxiety about capitalism in recent years. However, we have experienced such crises many times until now and historically capitalism has changed each time. After all, capitalism has continued to the present day.

In this article, following the transformation of capitalism, we review the opinions of well-known economists and management scholars in each era in order to consider the characteristics of modern capitalism and issues of the business firms. Finally, we conclude that our studies need to move from a phase of the "agency problem" to the "cooperation problem".

Capitalism in the Future and Business Purpose: Three Circulations of Individual Capital and Management by Objectives

Kimio TAKAHASHI (Kanto Gakuin University)

In the future, Capitalism needs more quest for business purpose in any individual capital. Kaoru Takada insists that business administration consists of three factors: business economy, business organization and business purpose, however, according to a common view in the theory of individual capital, there is a lack of discussion on business purpose. Business purpose is composed of profit-seeking, maintaining productive organization and social responsibility, that relate to three circulations of an individual capital ([Formula 1]: the circulation of money-capital. & [Formula 3]: the circulation of commodity-capital. M: Money,

C: Commodity, Pm: Production-means, Lp: Labor-power, P: Production, C':
Products, M': Sales, ΔM: Profit, 【Formula 2】 is omitted.).

【Formula 1】　M － C (Pm + Lp) ······ P ······ C' － M' (M + ΔM)

【Formula 3】 ··· C' － M' (M+ΔM) － C (Pm + Lp) ······ P ······ C' －

Modern Capitalism is changing in quality that the main circulation of individual
capital moves from the circulation of money-capital to productive-capital and to
commodity-capital. Therefore, contemporary businesses mainly run according
to the social responsibility that is to supply commodities required from the
market and society without any unexpected results. Business purpose as a
social responsibility should be decided by the management and any stakeholders
to work together as an association. And the business purpose should be
implemented in decentralized management by objectives as Drucker said.

Is Scientific Management "the Explicit Verbalization of the Capitalist Mode of Production" ?

Seishi NAKAGAWA (Fukuoka University)

There is no doubt that Scientific Management was a management method that
met the basic needs of capitalism. Marx stated that "piece-wage is the form of
wage most appropriate to the capitalist mode of production". In that sense, it can
be said that Taylor's first paper on management, "A Piece-Rate System" was an
attempt to directly respond to the request.

However, in his testimony before the Special House Committee, Taylor argued
that the essence of Scientific Management has nothing to do with "a device of
any kind for securing efficiency" such as differential piece-rate pay. If we are to
question the relationship between Scientific Management and capitalism, we
also must question whether the principles that Taylor was trying to assert as the
essence of Scientific Management is also, as Braverman asserts, "the explicit
verbalization of the capitalist mode of production" or not.

Furthermore, the fact that Scientific Management contributed to the
construction of socialism in the Soviet Union suggests that the underlying ideas
may not be directly derived from either capitalism or socialism.

In this paper, I will refer to the views of Mitsuki Soeda (1962) and Edwin
T. Layton, Jr. (1971) to clarify that Taylor's original intention in his work was

for mechanical engineers to achieve a status comparable to that of a traditional learned profession by intervening between capital and labor to achieve industrial peace and also taking on other public roles, that is, to achieve professionalism.

The Significance of Management Education School for Bringing up Managers: The 8th Issue in Management Theory History

Hirokazu TSUJIMURA (Chubu University)

Generally speaking, management education isn't focused in management theories so much. But the aim of this paper is to study the possibility of management education theory. Namely the research question is "What's the logic for bringing up managers ?".

First, we review leading theories and release a lot of counter-evidences against the common idea. Next, we propose the central hypothesis for explaining counter-evidences. What's the most important is the concept of "Synthetic Individual Act", which is the essence of management practice. And then, we introduce the concept "Management Art" from that hypothesis, and try to examine it deeply.

Finally, by doing it, we challenge to systematize management education.

The Nature of the Social and Solidarity Economy and its Trends on EU Policy: Implications for the Theory and Practice of Management

Takayuki YAMAGUCHI (Kwansei Gakuin University)

The purpose of this paper is to identify the future implications of the social and solidarity economy (SSE) for the theory and practice of management. In recent years, the SSE has been greatly expected in Europe and Latin countries to achieve a sustainable society. It comprises the social economy and the solidarity economy; the former specifically refers to cooperatives and mutual aid societies, while the latter has the character of a social movement that emerged from grassroots initiatives, such as fair trade, microcredit, and local currencies, to create a fair and sustainable society against the trends of globalization and the spread of the neoliberal economy. This article gives an overview of the EU policies on the SSE, clarifying its nature in the context of French historical background. In conclusion, the author points out the importance of introducing the concept of social rights and participatory democracy into management theory and practice in the future.

Giving a Presentation at an International Conference

Kazuhito ISOMURA (Chuo University)

Takashi MAJIMA (Senshu University)

Yoshiaki TAKAO (Tokyo Metropolitan University)

The workshop promoted the importance of giving a presentation at an international conference. To accomplish this aim, knowing basic information about international conferences is important. Therefore, the organizer invited three researchers who have vast experience in giving presentations at international conferences. They were requested to share their experience with the participants: how they chose international conferences, what submission and review processes to expect, the types of presentations given, what feedback they had received, and how they built their network with overseas researchers. The first presenter shared his experience of joining the Standing Conference on Organizational Symbolism, which focuses on a specific research topic, engages in intensive discussions, and builds a strong academic community. The second presenter started giving presentations at international conferences held in Japan, accumulating experience and expertise before succeeding in getting his paper accepted for the Annual Meeting of the Academy of Management. The third presenter described his experience participating in the European Group for Organizational Studies Colloquium and suggested that quantitative empirical studies are not necessarily dominant in Europe, but diverse research approaches are more acceptable in Europe than in North America. Finally, participants discussed the advantages of improving their knowledge and skills in research and education through attending international conferences. In conclusion, it was useful to share the significance of giving international conference presentations and show that participants can learn a lot from attending an international conference.

現代資本主義のゆくえと経営

経営学史学会年報　第31輯

2024 年 5 月 17 日　第 1 版第 1 刷発行　　　　　　　検印省略

編　者　経 営 学 史 学 会

発行者　前　　野　　　　隆

発行所　株式会社　文　眞　堂
東京都新宿区早稲田鶴巻町 533
電　話　03（3202）8480
ＦＡＸ　03（3203）2638
〒162-0041 振替00120-2-96437

製作・平河工業社
© 2024
URL. https://keieigakusi.info/
https://www.bunshin-do.co.jp/
落丁・乱丁本はおとりかえいたします
定価はカバー裏に表示してあります
ISBN978-4-8309-5255-5　C3034

● 好評既刊

経営学の位相　第一輯

● 主要目次

I　課題

一　経営学の本格化と経営学史研究の重要性　　　　　　　山　本　安　次　郎

二　社会科学としての経営学　　　　　　　　　　　　　三　戸　　　公

三　管理思考の呪縛——そこからの解放　　　　　　　　北　野　利　信

四　バーナードとヘンダーソン　　　　　　　　　　　　加　藤　勝　康

五　経営経済学史と科学方法論　　　　　　　　　　　　永　田　　　誠

六　非合理主義的組織論の展開を巡って　　　　　　　　稲　村　　　毅

七　組織情報理論の構築へ向けて　　　　　　　　　　　小　林　敏　男

II　人と業績

八　村本福松先生と中西寅雄先生の回想　　　　　　　　高　田　　　馨

九　馬場敬治——その業績と人柄　　　　　　　　　　　雲　嶋　良　雄

十　北川宗藏教授の「経営経済学」　　　　　　　　　　海　道　　　進

十一　シュマーレンバッハ学説のわが国への導入　　　　齊　藤　隆　夫

十二　回想——経営学研究の歩み　　　　　　　　　　　大　島　國　雄

経営学の巨人　第二輯

● 主要目次

I　経営学の巨人

一　H・ニックリッシュ

　1　現代ドイツの企業体制とニックリッシュ　　　　吉　田　　　修

　2　ナチス期ニックリッシュの経営学　　　　　　　田　中　照　純

　3　ニックリッシュの自由概念と経営思想　　　　　鈴　木　辰　治

二　C・I・バーナード

　4　バーナード理論と有機体の論理　　　　　　　　村　田　晴　夫

　5　現代経営学とバーナードの復権　　　　　　　　庭　本　佳　和

　6　バーナード理論と現代　　　　　　　　　　　　稲　村　　　毅

三　K・マルクス

　7　日本マルクス主義と批判的経営学　　　　　　　川　端　久　夫

　8　旧ソ連型マルクス主義の崩壊と個別資本説の現段階　片　岡　信　之

　9　マルクスと日本経営学　　　　　　　　　　　　篠　原　三　郎

Ⅱ　経営学史論攷
　　1　アメリカ経営学史の方法論的考察　　　　　　　　三　井　　　泉
　　2　組織の官僚制と代表民主制　　　　　　　　　　　奥　田　幸　助
　　3　ドイツ重商主義と商業経営論　　　　　　　　　　北　村　健　之　助
　　4　アメリカにみる「キャリア・マネジメント」理論の動向　西　川　清　之
Ⅲ　人と業績
　　1　藻利重隆先生の卒業論文　　　　　　　　　　　　三　戸　　　公
　　2　日本の経営学研究の過去・現在・未来　　　　　　儀　我　壮　一　郎
　　3　経営学生成への歴史的回顧　　　　　　　　　　　鈴　木　和　蔵
Ⅳ　文　献

日本の経営学を築いた人びと　第三輯

●主要目次

Ⅰ　日本の経営学を築いた人びと
　一　上田貞次郎——経営学への構想——　　　　　　　　小　松　　　章
　二　増地庸治郎経営理論の一考察　　　　　　　　　　河　野　大　機
　三　平井泰太郎の個別経済学　　　　　　　　　　　　眞　野　　　脩
　四　馬場敬治経営学の形成・発展の潮流とその現代的意義　岡　本　康　雄
　五　古林経営学——人と学説——　　　　　　　　　　門　脇　延　行
　六　古林教授の経営労務論と経営民主化論　　　　　　奥　田　幸　助
　七　馬場克三——五段階説、個別資本説そして経営学——　三　戸　　　公
　八　馬場克三・個別資本の意識性論の遺したもの　　　川　端　久　夫
　　　　——個別資本説と近代管理学の接点——
　九　山本安次郎博士の「本格的経営学」の主張をめぐって　加　藤　勝　康
　　　　——Kuhnian Paradigmとしての「山本経営学」——
　十　山本経営学の学史的意義とその発展の可能性　　　谷　口　照　三
　十一　高宮　晋—経営組織の経営学的論究　　　　　　鎌　田　伸　一
　十二　山城経営学の構図　　　　　　　　　　　　　　森　本　三　男
　十三　市原季一博士の経営学説——ニックリッシュとともに——　増　田　正　勝
　十四　占部経営学の学説史的特徴とバックボーン　　　金　井　壽　宏
　十五　渡辺銕蔵論——経営学史の一面——　　　　　　高　橋　俊　夫
　十六　生物学的経営学説の生成と展開　　　　　　　　裴　　　富　吉
　　　　——暉峻義等の労働科学：経営労務論の一源流——
Ⅱ　文　献

アメリカ経営学の潮流 第四輯

● 主要目次

I アメリカ経営学の潮流

一 ポスト・コンティンジェンシー理論──回顧と展望── 野 中 郁 次 郎

二 組織エコロジー論の軌跡 村 上 伸 一
　　　──一九八〇年代の第一世代の中核論理と効率に関する議論
　　　の検討を中心にして──

三 ドラッカー経営理論の体系化への試み 河 野 大 機

四 H・A・サイモン──その思想と経営学── 稲 葉 元 吉

五 バーナード経営学の構想 眞 野 脩

六 プロセス・スクールからバーナード理論への接近 辻 村 宏 和

七 人間関係論とバーナード理論の結節点 吉 原 正 彦
　　　──バーナードとキャボットの交流を中心として──

八 エルトン・メイヨーの管理思想再考 原 田 實

九 レスリスバーガーの基本的スタンス 杉 山 三 七 男

十 F・W・テイラーの管理思想 中 川 誠 士
　　　──ハーバード経営大学院における講義を中心として──

十一 経営の行政と統治 北 野 利 信

十二 アメリカ経営学の一一〇年──社会性認識をめぐって── 中 村 瑞 穂

II 文 献

経営学研究のフロンティア 第五輯

● 主要目次

I 日本の経営者の経営思想

一 日本の経営者の経営思想 清 水 龍 瑩
　　　──情報化・グローバル化時代の経営者の考え方──

二 日本企業の経営理念にかんする断想 森 川 英 正

三 日本型経営の変貌──経営者の思想の変遷── 川 上 哲 郎

II 欧米経営学研究のフロンティア

四 アメリカにおけるバーナード研究のフロンティア 高 橋 公 夫
　　　──William, G. Scott の所説を中心として──

五 フランスにおける商学・経営学教育の成立と展開 日 高 定 昭
　　　(一八一九年──一九五六年)

六 イギリス組織行動論の一断面 幸 田 浩 文

　　　　──経験的調査研究の展開をめぐって──
　七　ニックリッシュ経営学変容の新解明　　　　　　　　　森　　哲　彦
　八　E・グーテンベルク経営経済学の現代的意義　　　　高　橋　由　明
　　　　──経営タイプ論とトップ・マネジメント論に焦点を合わせて──
　九　シュマーレンバッハ「共同経済的生産性」概念の再構築　永　田　　誠
　十　現代ドイツ企業体制論の展開　　　　　　　　　　　海　道　ノブチカ
　　　　──R・-B・シュミットとシュミーレヴィッチを中心として──
Ⅲ　現代経営・組織研究のフロンティア
　十一　企業支配論の新視角を求めて　　　　　　　　　　片　岡　　進
　　　　──内部昇進型経営者の再評価、資本と情報の同時追究、
　　　　　　自己組織論の部分的導入──
　十二　自己組織化・オートポイエーシスと企業組織論　　長　岡　克　行
　十三　自己組織化現象と新制度派経済学の組織論　　　　丹　沢　安　治
Ⅳ　文　献

経営理論の変遷　第六輯

●主要目次

Ⅰ　経営学史研究の意義と課題
　一　経営学史研究の目的と意義　　　　　　ウィリアム・G・スコット
　二　経営学史の構想における一つの試み　　　　　　　加　藤　勝　康
　三　経営学の理論的再生運動　　　　　　　　　　　　鈴　木　幸　毅
Ⅱ　経営理論の変遷と意義
　四　マネジメント・プロセス・スクールの変遷と意義　二　村　敏　子
　五　組織論の潮流と基本概念　　　　　　　　　　　　岡　本　康　雄
　　　　──組織的意思決定論の成果をふまえて──
　六　経営戦略の意味　　　　　　　　　　　　　　　　加　護　野　忠　男
　七　状況適合理論（Contingency Theory）　　　　　岸　田　民　樹
Ⅲ　現代経営学の諸相
　八　アメリカ経営学とヴェブレニアン・インスティテュー
　　　ショナリズム　　　　　　　　　　　　　　　　　今　井　清　文
　九　組織論と新制度派経済学　　　　　　　　　　　　福　永　文　美　夫
　十　企業間関係理論の研究視点　　　　　　　　　　　山　口　隆　之
　　　　──「取引費用」理論と「退出／発言」理論の比較を通じて──
　十一　ドラッカー社会思想の系譜　　　　　　　　　　島　田　恒
　　　　──「産業社会」の構想と挫折、「多元社会」への展開──

十二　バーナード理論のわが国への適用と限界　　　　　　　　大　平　義　隆

十三　非合理主義的概念の有効性に関する一考察　　　　　　　前　田　東　岐
　　　　──ミンツバーグのマネジメント論を中心に──

十四　オートポイエシス──経営学の展開におけるその意義──　藤　井　一　弘

十五　組織文化の組織行動に及ぼす影響について　　　　　　　間　嶋　　　崇
　　　　──Ｅ・Ｈ・シャインの所論を中心に──

Ⅳ　文　献

経営学百年──鳥瞰と未来展望──　第七輯

●主要目次

Ⅰ　経営学百年──鳥瞰と未来展望──

　一　経営学の主流と本流──経営学百年、鳥瞰と課題──　　三　戸　　　公

　二　経営学における学の世界性と経営学史研究の意味　　　村　田　晴　夫
　　　　──「経営学百年──鳥瞰と未来展望」に寄せて

　三　マネジメント史の新世紀　　　　　　　　　　ダニエル・Ａ・レン

Ⅱ　経営学の諸問題──鳥瞰と未来展望──

　四　経営学の構想──経営学の研究対象・問題領域・考察方法──　万　仲　脩　一

　五　ドイツ経営学の方法論吟味　　　　　　　　　　　　　清　水　敏　允

　六　経営学における人間問題の理論的変遷と未来展望　　　村　田　和　彦

　七　経営学における技術問題の理論的変遷と未来展望　　　宗　像　正　幸

　八　経営学における情報問題の理論的変遷と未来展望　　伊藤淳巳・下﨑千代子
　　　　──経営と情報──

　九　経営学における倫理・責任問題の理論的変遷と未来展望　西　岡　健　夫

　十　経営の国際化問題について　　　　　　　　　　　　　赤　羽　新太郎

　十一　日本的経営論の変遷と未来展望　　　　　　　　　　林　　　正　樹

　十二　管理者活動研究の理論的変遷と未来展望　　　　　　川　端　久　夫

Ⅲ　経営学の諸相

　十三　Ｍ・Ｐ・フォレット管理思想の基礎　　　　　　　　杉　田　　　博
　　　　──ドイツ観念論哲学における相互承認論との関連を中心に──

　十四　科学的管理思想の現代的意義　　　　　　　　　　　藤　沼　　　司
　　　　──知識社会におけるバーナード理論の可能性を求めて──

　十五　経営倫理学の拡充に向けて　　　　　　　　　　　　岩　田　　　浩
　　　　──デューイとバーナードが示唆する重要な視点──

　十六　Ｈ・Ａ・サイモンの組織論と利他主義モデルを巡って　髙　　　巖
　　　　──企業倫理と社会選択メカニズムに関する提言──

十七　組織現象における複雑性　　　　　　　　　　　阿　辻　茂　夫
十八　企業支配論の一考察　　　　　　　　　　　　　坂　本　雅　則
　　　──既存理論の統一的把握への試み──
Ⅳ　文　献

組織管理研究の百年　第八輯

●主要目次
Ⅰ　経営学百年──組織・管理研究の方法と課題──
　一　経営学研究における方法論的反省の必要性　　　　佐々木　恒　男
　二　比較経営研究の方法と課題　　　　　　　　　　　愼　　　侑　根
　　　──東アジア的企業経営システムの構想を中心として──
　三　経営学の類別と展望──経験と科学をキーワードとして──　原　澤　芳太郎
　四　管理論・組織論における合理性と人間性　　　　　池　内　秀　己
　五　アメリカ経営学における「プラグマティズム」と
　　　「論理実証主義」　　　　　　　　　　　　　　　三　井　　　泉
　六　組織変革とポストモダン　　　　　　　　　　　　今　田　高　俊
　七　複雑適応系──第三世代システム論──　　　　　河　合　忠　彦
　八　システムと複雑性　　　　　　　　　　　　　　　西　山　賢　一
Ⅱ　経営学の諸問題
　九　組織の専門化に関する組織論的考察　　　　　　　吉　成　　　亮
　　　──プロフェッショナルとクライアント──
　十　オーソリティ論における職能説　　　　　　　　　髙　見　精一郎
　　　──高宮晋とM・P・フォレット──
十一　組織文化論再考──解釈主義的文化論へ向けて──　四　本　雅　人
十二　アメリカ企業社会とスピリチュアリティー　　　　村　山　元　理
十三　自由競争を前提にした市場経済原理にもとづく
　　　経営学の功罪──経営資源所有の視点から──　　海老澤　栄　一
十四　組織研究のあり方　　　　　　　　　　　　　　　大　月　博　司
　　　──機能主義的分析と解釈主義的分析──
十五　ドイツの戦略的管理論研究の特徴と意義　　　　　加　治　敏　雄
十六　企業に対する社会的要請の変化　　　　　　　　　小　山　嚴　也
　　　──社会的責任論の変遷を手がかりにして──
十七　E・デュルケイムと現代経営学　　　　　　　　　齋　藤　貞　之
Ⅲ　文　献

IT革命と経営理論　第九輯

●主要目次

Ⅰ　テイラーからITへ──経営理論の発展か、転換か──

　　一　序説　テイラーからITへ──経営理論の発展か転換か──　　稲　葉　元　吉
　　二　科学的管理の内包と外延──IT革命の位置──　　三　戸　　　公
　　三　テイラーとIT──断絶か連続か──　　篠　崎　恒　夫
　　四　情報化と協働構造　　國　領　二　郎
　　五　経営情報システムの過去・現在・未来　　島　田　達　巳
　　　　　　──情報技術革命がもたらすもの──
　　六　情報技術革命と経営および経営学　　庭　本　佳　和
　　　　　　──島田達巳「経営情報システムの過去・現在・未来」をめぐって──

Ⅱ　論　攷

　　七　クラウゼウィッツのマネジメント論における理論と実践　　鎌　田　伸　一
　　八　シュナイダー企業者職能論　　関　野　　　賢
　　九　バーナードにおける組織の定義について　　坂　本　光　男
　　　　　　──飯野−加藤論争に関わらせて──
　　十　バーナード理論と企業経営の発展　　高　橋　公　夫
　　　　　　──原理論・類型論・段階論──
　　十一　組織論における目的概念の変遷と展望　　西　本　直　人
　　　　　　──ウェーバーからCMSまで──
　　十二　ポストモダニズムと組織論　　高　橋　正　泰
　　十三　経営組織における正義　　宮　本　俊　昭
　　十四　企業統治における法的責任の研究　　境　　　新　一
　　　　　　──経営と法律の複眼的視点から──
　　十五　企業統治論における正当性問題　　渡　辺　英　二

Ⅲ　文　献

現代経営と経営学史の挑戦
──グローバル化・地球環境・組織と個人──　第十輯

●主要目次

Ⅰ　現代経営の課題と経営学史研究

　　一　現代経営の課題と経営学史研究の役割─展望　　小　笠　原　英　司
　　二　マネジメントのグローバルな移転　　岡　田　和　秀
　　　　　　──マネジメント・学説・背景──

　三　グローバリゼーションと文化　　　　　　　　　　　高　橋　由　明
　　　　　──経営管理方式国際移転の社会的意味──
　四　現代経営と地球環境問題──経営学史の視点から──　庭　本　佳　和
　五　組織と個人の統合　　　　　　　　　　　　　　　　太　田　　肇
　　　　　──ポスト新人間関係学派のモデルを求めて──
　六　日本的経営の一検討──その毀誉褒貶をたどる──　　赤　岡　　功
Ⅱ　創立十周年記念講演
　七　経営学史の課題　　　　　　　　　　　　　　　　　阿　部　謹　也
　八　経営学教育における企業倫理の領域　　　　　E・M・エプスタイン
　　　　　──過去・現在・未来
Ⅲ　論　攷
　九　バーナード組織概念の一詮議　　　　　　　　　　　川　端　久　夫
　十　道徳と能力のシステム──バーナードの人間観再考──　磯　村　和　人
　十一　バーナードにおける過程性と物語性　　　　　　　小　濱　　純
　　　　　──人間観からの考察──
　十二　経営学における利害関係者研究の生成と発展　　　水　村　典　弘
　　　　　──フリーマン学説の検討を中心として──
　十三　現代経営の底流と課題──組織知の創造を超えて──　藤　沼　　司
　十四　個人行為と組織文化の相互影響関係に関する一考察　間　嶋　　崇
　　　　　──A・ギデンズの構造化論をベースとした組織論の考察をヒントに──
　十五　組織論における制度理論の展開　　　　　　　　　岩　橋　建　治
　十六　リーダーシップと組織変革　　　　　　　　　　　吉　村　泰　志
　十七　ブライヒャー統合的企業管理論の基本思考　　　　山　縣　正　幸
　十八　エーレンベルク私経済学の再検討　　　　　　　　梶　脇　裕　二
Ⅳ　文　献

経営学を創り上げた思想　第十一輯

●主要目次

Ⅰ　経営理論における思想的基盤
　一　経営学における実践原理・価値規準について　　　　仲　田　正　機
　　　　　──アメリカ経営管理論を中心として──
　二　プラグマティズムと経営理論　　　　　　　　　　　岩　田　　浩
　　　　　──チャールズ・S・パースの思想からの洞察──
　三　プロテスタンティズムと経営思想　　　　　　　　　三　井　　泉
　　　　　──クウェーカー派を中心として──

　　四　シュマーレンバッハの思想的・実践的基盤　　　　　　　平　田　光　弘

　　五　ドイツ経営経済学・経営社会学と社会的カトリシズム　　増　田　正　勝

　　六　上野陽一の能率道　　　　　　　　　　　　　　　　　　齊　藤　毅　憲

　　七　日本的経営の思想的基盤——経営史的な考究——　　　　由　井　常　彦

II　特別講演

　　八　私の経営理念　　　　　　　　　　　　　　　　　　　　辻　　　　　理

III　論　攷

　　九　ミッションに基づく経営——非営利組織の事業戦略基盤——　島　田　　　恒

　　十　価値重視の経営哲学　　　　　　　　　　　　　　　　　村　山　元　理
　　　　　——スピリチュアリティの探求を学史的に照射して——

　　十一　企業統治における内部告発の意義と問題点　　　　　　境　　　新　一
　　　　　——経営と法律の視点から——

　　十二　プロセスとしてのコーポレート・ガバナンス　　　　　生　田　泰　亮
　　　　　——ガバナンス研究に求められるもの——

　　十三　「経営者の社会的責任」論とシュタインマンの企業倫理論　高　見　直　樹

　　十四　ヴェブレンとドラッカー——企業・マネジメント・社会——　春　日　　　賢

　　十五　調整の概念の学史的研究と現代的課題　　　　　　　　松　田　昌　人

　　十六　HRO研究の革新性と可能性　　　　　　　　　　　　西　本　直　人

　　十七　「ハリウッド・モデル」とギルド　　　　　　　　　　國　島　弘　行

IV　文　献

ガバナンスと政策——経営学の理論と実践——　第十二輯

●主要目次

I　ガバナンスと政策

　一　ガバナンスと政策　　　　　　　　　　　　　　　　　片　岡　信　之

　二　アメリカにおける企業支配論と企業統治論　　　　　　佐久間　信　夫

　三　フランス企業統治　　　　　　　　　　　　　　　　　築　場　保　行
　　　　——経営参加、取締役会改革と企業法改革——

　四　韓国のコーポレート・ガバナンス改革とその課題　　　勝　部　伸　夫

　五　私の経営観　　　　　　　　　　　　　　　　　　　　岩　宮　陽　子

　六　非営利組織における運営の公正さをどう保つのか　　　荻　野　博　司
　　　　——日本コーポレート・ガバナンス・フォーラム十年の経験から——

　七　行政組織におけるガバナンスと政策　　　　　　　　　石　阪　丈　一

II　論　攷

　八　コーポレート・ガバナンス政策としての時価主義会計　菊　澤　研　宗

　　　　　──M・ジェンセンのエージェンシー理論とF・シュ
　　　　　ミットのインフレ会計学説の応用──
　　九　組織コントロールの変容とそのロジック　　　　　　大　月　博　司
　　十　組織間関係の進化に関する研究の展開　　　　　　　小　橋　　　勉
　　　　　──レベルとアプローチの視点から──
　　十一　アクター・ネットワーク理論の組織論的可能性　　髙　木　俊　雄
　　　　　──異種混交ネットワークのダイナミズム──
　　十二　ドイツにおける企業統治と銀行の役割　　　　　　松　田　　　健
　　十三　ドイツ企業におけるコントローリングの展開　　　小　澤　優　子
　　十四　M・P・フォレット管理思想の基礎　　　　　　　杉　田　　　博
　　　　　──W・ジェームズとの関連を中心に──
　Ⅲ　文　献

企業モデルの多様化と経営理論　第十三輯
──二十一世紀を展望して──

●主要目次
Ⅰ　企業モデルの多様化と経営理論
　　一　経営学史研究の新展開　　　　　　　　　　　　　　佐々木　恒　男
　　二　アメリカ経営学の展開と組織モデル　　　　　　　　岸　田　民　樹
　　三　二十一世紀の企業モデルと経営理論──米国を中心に──　角　野　信　夫
　　四　EU企業モデルと経営理論　　　　　　　　　　　　万　仲　脩　一
　　五　EUにおける労働市場改革と労使関係　　　　　　　久　保　広　正
　　六　アジア─中国企業モデルと経営理論　　　　　　　　金　山　　　権
　　七　シャリーア・コンプライアンスと経営　　　　　　　櫻　井　秀　子
　　　　　──イスラームにおける経営の原則──
Ⅱ　論　攷
　　八　経営学と社会ダーウィニズム　　　　　　　　　　　福　永　文美夫
　　　　　──テイラーとバーナードの思想的背景──
　　九　個人と組織の不調和の克服を目指して　　　　　　　平　澤　　　哲
　　　　　──アージリス前期学説の体系とその意義──
　　十　経営戦略論の新展開における「レント」概念
　　　　の意義について　　　　　　　　　　　　　　　　石　川　伊　吹
　　十一　経営における意思決定と議論合理性　　　　　　　宮　田　将　吾
　　　　　──合理性測定のコンセプト──

　十二　ステークホルダー型企業モデルの構造と機能　　　　　水　村　典　弘
　　　　　──ステークホルダー論者の論法とその思想傾向──
　十三　支援組織のマネジメント──信頼構築に向けて──　　　狩　俣　正　雄
Ⅲ　文　献

経営学の現在──ガバナンス論、組織論・戦略論──　第十四輯

●主要目次
Ⅰ　経営学の現在
　一　「経営学の現在」を問う　　　　　　　　　　　　　　　勝　部　伸　夫
　　　　　──コーポレート・ガバナンス論と管理論・組織論──
　二　株式会社を問う──「団体」の概念──　　　　　　　　中　條　秀　治
　三　日本の経営システムとコーポレート・ガバナンス　　　　菊　池　敏　夫
　　　　　──その課題、方向、および条件の検討──
　四　ストックホルダー・ガバナンス 対 ステイクホルダー・ガバナンス　菊　澤　研　宗
　　　　　──状況依存的ステイクホルダー・ガバナンスへの収束──
　五　経営学の現在──自己組織・情報世界を問う──　　　　三　戸　　　公
　六　経営学史の研究方法　　　　　　　　　　　　　　　　　吉　原　正　彦
　　　　　──「人間協働の科学」の形成を中心として──
　七　アメリカの経営戦略と日本企業の実証研究　　　　　　　沼　上　　　幹
　　　　　──リソース・ベースト・ビューを巡る相互作用──
　八　経営戦略研究の新たな視座　　　　　　　　　　　　　　庭　本　佳　和
　　　　　──沼上報告「アメリカの経営戦略論（ＲＢＶ）と日本企業
　　　　　　の実証的研究」をめぐって──
Ⅱ　論　攷
　九　スイッチングによる二重性の克服　　　　　　　　　　　渡　辺　伊津子
　　　　　──品質モデルをてがかりにして──
　十　組織認識論と資源依存モデルの関係　　　　　　　　　　佐々木　秀　徳
　　　　　──環境概念、組織観を手掛かりとして──
　十一　組織学習論における統合の可能性　　　　　　　　　　伊　藤　なつこ
　　　　　──マーチ＆オルセンの組織学習サイクルを中心に──
　十二　戦略論研究の展開と課題　　　　　　　　　　　　　　宇田川　元　一
　　　　　──現代戦略論研究への学説史的考察から──
　十三　コーポレート・レピュテーションによる持続的競争優位　加賀田　和　弘
　　　　　──資源ベースの経営戦略の観点から──
　十四　人間操縦と管理論　　　　　　　　　　　　　　　　　山　下　　　剛

十五　リーダーシップ研究の視点　　　　　　　　薄　羽　哲　哉
　　　　——リーダー主体からフォロワー主体へ——
十六　チャールズ・バベッジの経営思想　　　　　村　田　和　博
十七　非営利事業体ガバナンスの意義と課題について　松　本　典　子
　　　　——ワーカーズ・コレクティブ調査を踏まえて——
十八　ＥＵと日本におけるコーポレート・ガバナンス・
　　　コデックスの比較　　　　　　　　　ラルフ・ビーブンロット

Ⅲ　文　献

現代経営学の新潮流——方法、CSR・HRM・NPO——　第十五輯

● 主要目次

Ⅰ　経営学の方法と現代経営学の諸問題
　一　経営学の方法と現代経営学の諸問題　　　　　小笠原　英　司
　二　組織研究の方法と基本仮定——経営学との関連で——　坂　下　昭　宣
　三　経営研究の多様性とレレヴァンス問題　　　　長　岡　克　行
　　　　——英語圏における議論の検討——
　四　経営学と経営者の育成　　　　　　　　　　　辻　村　宏　和
　五　わが国における CSR の動向と政策課題　　　　谷　本　寛　治
　六　ワーク・ライフ・バランスと HRM 研究の新パラダイム　渡　辺　　　峻
　　　　——「社会化した自己実現人」と「社会化した人材マネジメント」——
　七　ドラッカー学説の軌跡と NPO 経営学の可能性　島　田　　　恒

Ⅱ　論　攷
　八　バーナード組織概念の再詮議　　　　　　　　川　端　久　夫
　九　高田保馬の勢力論と組織　　　　　　　　　　林　　　　　徹
　十　組織論と批判的実在論　　　　　　　　　　　鎌　田　伸　一
十一　組織間関係論における埋め込みアプローチの検討　小　橋　　　勉
　　　　——その射程と課題——
十二　実践重視の経営戦略論　　　　　　　　　　　吉　成　　　亮
十三　プロジェクトチームのリーダーシップ　　　　平　井　信　義
　　　　——橋渡し機能を中心として——
十四　医療における公益性とメディカル・ガバナンス　小　島　　　愛
十五　コーポレート・ガバナンス論における Exit・Voice・
　　　Loyalty モデルの可能性　　　　　　　　　　石　嶋　芳　臣
十六　企業戦略としての CSR　　　　　　　　　　　矢　口　義　教
　　　　——イギリス石油産業の事例から——

Ⅲ 文 献

経営理論と実践 第十六輯

● 主要目次

Ⅰ 趣旨説明――経営理論と実践　　　　　　　　　　　　　　　　第五期運営委員会

Ⅱ 経営理論と実践

　一　ドイツ経営学とアメリカ経営学における理論と実践　　　　　高　橋　由　明

　二　経営理論の実践性とプラグマティズム　　　　　　　　　　　岩　田　　　浩
　　　　　　――ジョン・デューイの思想を通して――

　三　ドイツの経営理論で、世界で共通に使えるもの　　　　　　　小　山　明　宏

　四　現代 CSR の基本的性格と批判経営学研究の課題・方法　　　　百　田　義　治

　五　経営 "共育" への道　　　　　　　　　　　　　　　　　　　齊　藤　毅　憲
　　　　　　――ゼミナール活動の軌跡から――

　六　経営学の研究者になるということ　　　　　　　　　　　　　上　林　憲　雄
　　　　　　――経営学研究者養成の現状と課題――

　七　日本におけるビジネススクールの展開と二十一世紀への展望　高　橋　文　郎

　　　　　　　　　　　　　　　　　　　　　　　　　　　　　　　中　西　正　雄

　　　　　　　　　　　　　　　　　　　　　　　　　　　　　　　高　橋　宏　幸

　　　　　　　　　　　　　　　　　　　　　　　　　　　　　　　丹　沢　安　治

Ⅲ 論 攷

　八　チーム医療の必要性に関する試論　　　　　　　　　　　　　渡　邉　弥　生
　　　　　　――「実践コミュニティ論」の視点をもとにして――

　九　OD（組織開発）の歴史的整理と展望　　　　　　　　　　　　西　川　耕　平

　十　片岡説と構造的支配－権力パラダイムとの接点　　　　　　　坂　本　雅　則

Ⅳ 文 献

経営学の展開と組織概念 第十七輯

● 主要目次

Ⅰ 趣旨説明――経営理論と組織概念　　　　　　　　　　　　　　第六期運営委員会

Ⅱ 経営理論と組織概念

　一　経営理論における組織概念の生成と展開　　　　　　　　　　庭　本　佳　和

　二　ドイツ経営組織論の潮流と二つの組織概念　　　　　　　　　丹　沢　安　治

　三　ヴェーバー官僚制論再考　　　　　　　　　　　　　　　　　小　阪　隆　秀
　　　　　　――ポスト官僚制組織概念と組織人の自由――

四　組織の概念──アメリカにおける学史的変遷──　　　　　　　中　條　秀　治

五　実証的戦略研究の組織観　　　　　　　　　　　　　　　　　沼　上　　　幹
　　　　──日本企業の実証研究を中心として──

六　ステークホルダー論の組織観　　　　　　　　　　　　　　　藤　井　一　弘

七　組織学習論の組織観の変遷と展望　　　　　　　　　　　　　安　藤　史　江

Ⅲ　論　攷

八　「組織と組織成員の関係」概念の変遷と課題　　　　　　　　聞　間　　　理

九　制度的企業家のディスコース　　　　　　　　　　　　　　　松　嶋　　　登

十　キャリア開発における動機づけの有効性　　　　　　　チン・トウイ・フン
　　　　──デシの内発的動機づけ理論の検討を中心に──

十一　一九九〇年代以降のドイツ経営経済学の新たな展開　　　　清　水　一　之
　　　　　──ピコーの所説に依拠して──

十二　ドイツ経営管理論におけるシステム・アプローチの展開　柴　田　　　明
　　　　　──ザンクト・ガレン学派とミュンヘン学派の議論から──

十三　フランス中小企業研究の潮流　　　　　　　　　　　　　　山　口　隆　之
　　　　　──管理学的中小企業研究の発展──

Ⅳ　文　献

危機の時代の経営と経営学 第十八輯

●主要目次

Ⅰ　趣旨説明──危機の時代の経営および経営学　　　　　　第六期運営委員会

Ⅱ　危機の時代の経営と経営学

　一　危機の時代の経営と経営学　　　　　　　　　　　　　　高　橋　由　明
　　　　──経済・産業政策と経営学史から学ぶ

　二　両大戦間の危機とドイツ経営学　　　　　　　　　　　海道ノブチカ

　三　世界恐慌とアメリカ経営学　　　　　　　　　　　　　　丸　山　祐　一

　四　社会的市場経済体制とドイツ経営経済学の展開　　　　　風　間　信　隆
　　　　──市場性・経済性志向と社会性・人間性志向との間の揺らぎ──

　五　戦後日本企業の競争力と日本の経営学　　　　　　　　　林　　　正　樹

　六　グローバル時代における経営学批判原理の複合　　　　　高　橋　公　夫
　　　　──「断絶の時代」を超えて──

　七　危機の時代と経営学の再展開──現代経営学の課題──　片　岡　信　之

Ⅲ　論　攷

　八　行動理論的経営学から神経科学的経営学へ　　　　　　　梶　脇　裕　二
　　　　──シャンツ理論の新たな展開──

　　九　経営税務論と企業者職能——投資決定に関する考察——　　　　関　野　　　賢
　　十　ドイツ経営経済学の発展と企業倫理の展開　　　　　　　　　　山　口　尚　美
　　　　　——シュタインマン学派の企業倫理学を中心として——
Ⅳ　文　献

経営学の思想と方法　第十九輯

●主要目次

Ⅰ　趣旨説明——経営学の思想と方法　　　　　　　　　　　　　　第6期運営委員会
Ⅱ　経営学の思想と方法
　　1　経営学の思想と方法　　　　　　　　　　　　　　　　　　吉　原　正　彦
　　2　経営学が構築してきた経営の世界　　　　　　　　　　　　上　林　憲　雄
　　　　　——社会科学としての経営学とその危機——
　　3　現代経営学の思想的諸相　　　　　　　　　　　　　　　　稲　村　　　毅
　　　　　——モダンとポストモダンの視点から——
　　4　科学と哲学の綜合学としての経営学　　　　　　　　　　　菊　澤　研　宗
　　5　行為哲学としての経営学の方法　　　　　　　　　　　　　庭　本　佳　和
Ⅲ　論　攷
　　6　日本における経営学の思想と方法　　　　　　　　　　　　三　戸　　　公
　　7　組織の自律性と秩序形成の原理　　　　　　　　　　　　　髙　木　孝　紀
　　8　HRM研究における研究成果の有用性を巡る一考察　　　　櫻　井　雅　充
　　　　　——プラグマティズムの真理観を手掛かりにして——
　　9　起業を成功させるための起業環境分析　　　　　　　　　　大久保　康　彦
　　　　　——モデルの構築と事例研究——
　　10　「実践の科学」としての経営学　　　　　　　　　　　　　桑　田　耕太郎
　　　　　——バーナードとサイモンの対比を通じて——
　　11　アクション・サイエンスの発展とその意義　　　　　　　　平　澤　　　哲
　　　　　——経営現象の予測・解釈・批判を超えて——
　　12　マズローの思想と方法　　　　　　　　　　　　　　　　　山　下　　　剛
Ⅳ　文　献

経営学の貢献と反省——二十一世紀を見据えて——　第二十輯

●主要目次

Ⅰ　趣旨説明——経営学の貢献と反省——21世紀を見据えて　　第7期運営委員会
Ⅱ　経営学の貢献と反省——21世紀を見据えて

　　1　日本における経営学の貢献と反省——21世紀を見据えて——　　三　戸　　　公

　　2　企業理論の発展と21世紀の経営学　　　　　　　　　　　　　勝　部　伸　夫

　　3　企業の責任化の動向と文明社会の行方　　　　　　　　　　　岩　田　　　浩

　　4　産業経営論議の百年——貢献，限界と課題——　　　　　　　宗　像　正　幸

　　5　東京電力・福島第一原発事故と経営学・経営史学の課題　　　橘　川　武　郎

　　6　マネジメント思想における「個人と組織」の物語り　　　　　三　井　　　泉
　　　　　　——「個人と組織」の20世紀から「関係性」の21世紀へ——

　　7　経営学史における組織と時間　　　　　　　　　　　　　　　村　田　晴　夫
　　　　　　——組織の発展と個人の満足——

Ⅲ　論　攷

　　8　現代企業史とチャンドラー学説　　　　　　　　　　　　　　澤　田　浩　二
　　　　　　——その今日的意義と限界——

　　9　v.ヴェルダーの管理組織論　　　　　　　　　　　　　　　　岡　本　丈　彦
　　　　　　——組織理論的な観点と法的な観点からの考察——

　　10　組織社会化研究の新展開　　　　　　　　　　　　　　　　　福　本　俊　樹
　　　　　　——組織における自己の記述形式を巡って——

Ⅳ　文　献

経営学の再生——経営学に何ができるか——　　　　第二十一輯

●主要目次

Ⅰ　趣旨説明——経営学の再生——経営学に何ができるか　　第7期運営委員会

Ⅱ　経営学の再生——経営学に何ができるか

　　1　経営学に何ができるか——経営学の再生——　　　　　　　藤　井　一　弘

　　2　経営維持から企業発展へ　　　　　　　　　　　　　　　　山　縣　正　幸
　　　　　　——ドイツ経営経済学におけるステイクホルダー思考とWertschöpfung——

　　3　「協働の学としての経営学」再考　　　　　　　　　　　　　藤　沼　　　司
　　　　　　——「経営の発展」の意味を問う——

　　4　経済学を超える経営学——経営学構想力の可能性——　　　高　橋　公　夫

　　5　経営学における新制度派経済学の展開とその方法論的含意　丹　沢　安　治

　　6　経営学と経済学における人間観・企業観・社会観　　　　　三　戸　　　浩

Ⅲ　論　攷

　　7　組織均衡論をめぐる論争の再考　　　　　　　　　　　　　林　　　　　徹
　　　　　　——希求水準への一考察——

　　8　高信頼性組織研究の展開　　　　　　　　　　　　　　　　藤　川　なつこ
　　　　　　——ノーマル・アクシデント理論と高信頼性理論の対立と協調——

9　人的資源管理と戦略概念　　　　　　　　　　森　谷　周　一

10　組織能力における HRM の役割　　　　　　　庭　本　佳　子
　　　　──「調整」と「協働水準」に注目して──

11　組織行動論におけるミクロ-マクロ問題の再検討　貴　島　耕　平
　　　　──社会技術システム論の学際的アプローチを手がかりに──

Ⅳ　文　　献

現代経営学の潮流と限界──これからの経営学── 第二十二輯
●主要目次

Ⅰ　趣旨説明──現代経営学の潮流と限界──これからの経営学　第7期運営委員会

Ⅱ　現代経営学の潮流と限界──これからの経営学

1　現代経営学の潮流と限界──これからの経営学──　高　橋　公　夫

2　新制度派経済学研究の停滞とその脱却　　　　　　菊　澤　研　宗

3　経営戦略論の理論的多元性と実践的含意　　　　　大　月　博　司

4　状況適合理論から組織化の進化論へ　　　　　　　岸　田　民　樹

5　人的資源管理パラダイムの展開　　　　　　　　　上　林　憲　雄
　　　　──意義・限界・超克可能性──

Ⅲ　論　　攷

6　イギリスにおける分業論の展開　　　　　　　　　村　田　和　博
　　　　──アダム・スミスから J. S. ミルまで──

7　制度の象徴性と物質性に関する学説史的検討　　　早　坂　　　啓
　　　　──超越論的認識論における二律背反概念を通じて──

8　地域社会レベルからみる企業の社会的責任　　　　津久井　稲　緒

9　米国における通報研究の展開　　　　　　　　　　吉　成　　　亮
　　　　──通報者の立場にもとづく悪事の通報過程──

10　ダイナミック・ケイパビリティ論における知識の問題　赤　尾　充　哉

Ⅳ　文　　献

経営学の批判力と構想力 第二十三輯
●主要目次

Ⅰ　趣旨説明──経営学の批判力と構想力　　　　　第8期運営委員会

Ⅱ　経営学の批判力と構想力

1　経営学の批判力と構想力　　　　　　　　　　　　河　辺　　　純

2　経営における正しい選択とビジネス倫理の視座　　水　村　典　弘

　3　経営管理論形成期における H. S. デニスンの「長期連帯主義」思想

　　　　　　　　　　　　　　　　　　　　中　川　誠　士

　4　制度化された経営学の批判的検討　　　　　桑　田　耕太郎
　　　　──『制度的企業家』からのチャレンジ──

　5　管理論・企業論・企業中心社会論　　　　　渡　辺　敏　雄
　　　　──企業社会論の展開に向かって──

Ⅲ　論　攷

　6　コントローリングの導入と普及　　　　　　小　澤　優　子

　7　「トランス・サイエンス」への経営学からの照射　藤　沼　　司
　　　　──「科学の体制化」過程への経営学の応答を中心に──

　8　新制度経済学の思想的基盤と新自由主義　　　高　橋　由　明

　9　組織能力の形成プロセス──現場からの環境適応──　庭　本　佳　子

　10　組織不祥事研究のポリティカル・リサーチャビリティ　中　原　　翔
　　　　──社会問題の追認から生成に向けて──

Ⅳ　文　献

経営学史研究の興亡 第二十四輯

●主要目次

Ⅰ　趣旨説明──経営学史研究の興亡　　　　　　第8期運営委員会

Ⅱ　経営学史研究の興亡

　1　経営学史研究の興亡　　　　　　　　　　　池　内　秀　己

　2　「歴史学的視点から見た経営学史」試考　　　藤　井　一　弘

　3　経営学史研究の意義と方法　　　　　　　　海道ノブチカ

　4　経営学における物質性概念の行方：社会構成主義の陥穽を超えて

　　　　　　　　　　　　　　　　　　　　松　嶋　　登

　5　M. P. Follett 思想における Pragmatism と Pluralism　三　井　　泉
　　　　──その意味と可能性──

　6　ホーマン学派の「秩序倫理」における企業倫理の展開　柴　田　　明
　　　　──理論的発展とその実践的意義について──

Ⅲ　論　攷

　7　グローバルリーダー研究の学史的位置づけの検討　島　田　善　道

　8　ダイナミック・ケイパビリティ論の企業家論的展開の課題と
　　　その解消に向けて　　　　　　　　　　　　石　川　伊　吹
　　　　──David, Harper の企業家論を手がかりに──

9　マズロー自己実現論と経営学　　　　　　　　　　　山　下　　　剛
　　──金井壽宏「完全なる経営」論について──
10　人的資源管理論における人間的側面考察の必要性について

　　　　　　　　　　　　　　　　　　　　　　　　　高　橋　哲　也
11　M. P. フォレットの「創造的経験」　　　　　　　　西　村　香　織
　　──Creative Experience における理解を中心として──
12　M. P. フォレットの世界観　　　　　　　　　　　　杉　田　　　博
　　──その物語性の哲学的基礎──
13　ステークホルダー理論におけるステーク概念の検討　中　村　貴　治
Ⅳ　文　　献

経営学史研究の挑戦 第二十五輯

●主要目次
Ⅰ　趣旨説明──経営学史研究の挑戦　　　　　　　　第8期運営委員会
Ⅱ　経営学史研究の挑戦
　1　経営学史研究の挑戦──その持つ意味──　　　　吉　原　正　彦
　2　経営学史研究の意義を探って──実践性との関連で──　梶　脇　裕　二
　3　経営学の"実践性"と経営者育成論（経営教育学）の構想

　　　　　　　　　　　　　　　　　　　　　　　　　辻　村　宏　和
　4　経営学の「科学化」と実証研究　　　　　　　　　勝　部　伸　夫
　　──経営学史研究の意義──
　5　物語る経営学史研究　　　　　　　　　　　　　　宇田川　元　一
Ⅲ　論　　攷
　6　会社法における株式会社観の日独比較　　　　　　山　口　尚　美
　　──私的所有物か公共物か──
　7　日本企業の集団的意思決定プロセスの研究　　　　浅　井　希和子
　　──組織論の分析視角と稟議制度──
Ⅳ　文　　献

経営学の未来──経営学史研究の現代的意義を問う── 第二十六輯

●主要目次
Ⅰ　趣旨説明──経営学の未来──経営学史研究の現代的意義を問う──

　　　　　　　　　　　　　　　　　　　　　　　　　第9期運営委員会
Ⅱ　経営学の未来──経営学史研究の現代的意義を問う──

1 経営学に未来はあるか？――経営学史研究の果たす役割――

                                                               上　林　憲　雄

2 経営学史と解釈学　　　　　　　　　　　　　　　　　　杉　田　　　博

3 文明と経営――経営学史研究と経営学の未来――　　　　村　田　晴　夫

4 先端的経営研究分析による学史研究の貢献　　　　　　　丹　沢　安　治
    ――方法論的論究の意義――

5 杉田博「経営学史と解釈学」およびシンポジウムに寄せて　藤　井　一　弘

6 村田晴夫「文明と経営――経営学史研究と経営学の未来――」
  に対するコメント　　　　　　　　　　　　　　　　　　三　戸　　　浩

7 新制度派経済学の未来　　　　　　　　　　　　　　　　高　橋　公　夫
    ――丹沢報告の討論者の視点から――

8 経営学の未来と方法論的課題　　　　　　　　　　　　　片　岡　信　之
    ――シンポジウムを顧みて――

Ⅲ　論　　攷

9 組織論におけるマルチパラダイムの可能性　　　　　　　髙　木　孝　紀

10 リニア・モデルはなぜ必要だったのか　　　　　　　　　桑　田　敬太郎
    ――ブッシュ・レポート再訪――

11 離脱，発言，および組織の重心　　　　　　　　　　　　林　　　　　徹
    ――1920年前後における GM 社の一考察――

12 顧客満足へ向けたサービス提供戦略と組織管理　　　　　木　田　世　界
    ――コンティンジェンシー・モデルの拡張と研究課題の提示――

Ⅳ　文　　献

経営学の『概念』を問う――現代的課題への学史からの挑戦――　第二十七輯

●主要目次

Ⅰ　趣旨説明――経営学の『概念』を問う――現代的課題への学史からの挑戦――

                                            第9期運営委員会

Ⅱ　経営学の『概念』を問う――現代的課題への学史からの挑戦――

1 経営学の「概念」を問う　　　　　　　　　　　　　　　藤　沼　　　司
    ――現代的課題への学史からの挑戦――

2 批判的実在論からみた「企業」概念の刷新　　　　　　　坂　本　雅　則

3 21世紀の企業観　　　　　　　　　　　　　　　　　　　中　條　秀　治
    ――グローバル社会における corpus mysticum――

4 経営学における労働概念の考察　　　　　　　　　　　　庭　本　佳　子

　　　　　──労働から仕事・キャリアのマネジメントへ──

　5　日本における「労働」概念の変化と経営学　　　　　　澤　野　雅　彦
　6　経営学の「概念」を問う：経営学史研究の課題　　　　吉　原　正　彦
　　　　　──シンポジウムを顧みて──

　7　改めて「企業」概念を問う　　　　　　　　　　　　　水　村　典　弘
　　　　　──坂本報告と中條報告の討論者の視点──

　8　現代的課題への学史の挑戦と『労働』概念　　　　　　風　間　信　隆
　　　　　──庭本報告と澤野報告に対する討論者の視点──

Ⅲ　論　　攷

　9　ペンローズの企業成長理論と「資源・能力アプローチ」黄　　　雅　雯
　10　ワーク・モチベーション研究の再検討　　　　　　　　貴　島　耕　平
　11　組織間関係論の淵源　　　　　　　　　　　　　　　　西　村　友　幸
　12　経営学における「意識」の存在論的探究　　　　　　　河　辺　　　純
　　　　　──バーナード組織概念からの考察──

Ⅳ　文　　献

経営学における『技術』概念の変遷──AI時代に向けて── 第二十八輯

●主要目次

Ⅰ　趣旨説明──経営学における『技術』概念の変遷──AI時代に向けて──

　　　　　　　　　　　　　　　　　　　　　　　　　　第9期運営委員会

Ⅱ　経営学における『技術』概念の変遷──AI時代に向けて──

　1　経営学における『技術』概念の変遷　　　　　　　　　福　永　文美夫
　　　　　──AI時代に向けて──

　2　19世紀前半期イギリスにおける機械の効果と影響　　村　田　和　博
　　　　　──バベッジ，ユア，及びミルの所説──

　3　技術概念・技術観の変遷とその意義　　　　　　　　　宗　像　正　幸
　　　　　──AI時代を見据えて──

　4　AI技術と組織インテリジェンスの追求　　　　　　　桑　田　耕太郎
　　　　　──バーナード理論，サイモン理論からAI時代の経営学へ──

Ⅲ　論　　攷

　5　技術進歩のもたらす経営組織の逆機能に関する一考察　藤　川　なつこ
　　　　　──組織事故の視点から──

　6　協働におけるアカウンタビリティの類型　　　　　　　坂　井　　　恵
　　　　　──Barnard（1938；1948）の組織概念からの接近──

  7 ノーマル・アクシデント理論と高信頼性理論の「技術観」   杉　浦　優　子

  8 日本におけるバーナード理論の受容と展開   櫻　田　貴　道

                          磯　村　和　人

Ⅳ　文　　献

「時代の問題」と経営学史——COVID-19 が示唆するもの——　　第二十九輯

●主要目次

Ⅰ　趣旨説明——「時代の問題」と経営学史——COVID-19 が示唆するもの——

                          第 9 期運営委員会

Ⅱ　「時代の問題」と経営学史——COVID-19 が示唆するもの——

  1 「時代の問題」と経営学史の役割   三　井　　　泉

      ——Covid-19 という「問題」をめぐって——

  2 資本主義の再構築と利害多元的企業統治モデル   風　間　信　隆

      ——シュタインマン・フリーマン・ドラッカー経営学説

        の現代的意義——

  3 市場課題解決装置としての企業から社会課題解決装置とし

    ての企業へ   小　山　嚴　也

  4 コロナ禍と組織における「コミュニケーション」   山　下　　　剛

      ——ドラッカーを中心にして——

  5 コロナ禍における働き方の変容と経営組織   浦　野　充　洋

Ⅲ　論　　攷

  6 ミドルマネジャーの経営学史   森　谷　周　一

      ——領域横断的な検討による全体像の探究——

  7 経営学の教育研究   中　原　　　翔

      ——学問の体系性を回復するコマシラバスの意義——

Ⅳ　文　　献

多面体としての経営学　　　　　　　　　　第三十輯

●主要目次

Ⅰ　趣旨説明——多面体としての経営学   第 10 期運営委員会

Ⅱ　多面体としての経営学

  1 数値化する世界——経営学小考——   松　田　　　健

  2 対話的経営学史の試み   山　縣　正　幸

  3 プリズムとしての「組織の倫理」   間　嶋　　　崇

　　4　仕事のデザインと経営学　　　　　　　　　　　　　　高　尾　義　明

　　5　組織行動研究におけるリサーチ・プラクティス問題　　　服　部　泰　宏
　　　　　──学説史的な検討──

Ⅲ　ワークショップ

　　6　学史研究と実証研究の対話　　　　　　　　　　　　　　上　林　憲　雄
　　　　　──経営学史学会は経営学の発展へ向けて何をすべきか──　庭　本　佳　子
　　　　　　　　　　　　　　　　　　　　　　　　　　　　　貴　島　耕　平
　　　　　　　　　　　　　　　　　　　　　　　　　　　　　磯　村　和　人

Ⅳ　論　　攷

　　7　有機体の哲学と人間協働　　　　　　　　　　　　　　　村　田　康　常
　　　　　──文明化のプロセスにおける説得と調整──

　　8　〈見える化〉の多面性──その経営学への示唆──　　　山　下　　　剛

　　9　経営学史における人類学的な組織研究の系譜と展開　　　砂　川　和　範

Ⅴ　文　　献